中公新書 2509

佐々木雄一著

陸奥宗光

「日本外交の祖」の生涯

中央公論新社刊

はじめに

「明治もので映画になる人物は無いか」

大正デモクラシーの旗手にして明治史研究の先駆者でもあった吉野作造《さくぞう》は、映画にたずさわる人物からこのように尋ねられ、陸奥宗光《むつむねみつ》の名を挙げた（「日記」昭和五〔一九三〇〕年八月一九日）。

陸奥宗光と言えば、条約改正や日清戦争において日本外交を導いた外務大臣として知られる。おそらく日本史上、最も有名な外務大臣だろう。ただそこに至るまでの道のりは平坦でなく、映画の題材にどうかと言われるくらい、まさに激動の人生だった。明治から昭和に至るまで第一線で活動した言論人・ジャーナリストの徳富蘇峰《とくとみそほう》は陸奥の一生を、「小説よりも奇なる生涯」と評し、「如何《いか》なる奇想天外より出る小説家でも、彼の生涯ほどの波瀾多き、変化多き生涯を、空中に描き出すことは出来まい」と記している（『我が交遊録』）。

陸奥が生まれたのは天保《てんぽう》一五（一八四四）年、ペリー来航の一〇年ほど前である。父親の伊達宗広《だてむねひろ》は、御三家・紀州徳川家で異例の出世を遂げ、藩財政の中枢を担うに至った人物だった。ところが、陸奥の幼少期に父宗広は失脚し、一家は逼塞《ひっそく》を余儀なくされる。陸奥、最初の大きな転機である。

紀州徳川家の有力家臣の子として生きる道を絶たれた陸奥は、各所で寄寓《きぐう》し、なんとか生計を立て、さまざまな塾で学びながら長じていく。そうしたなかで出会ったのが、坂本龍《りょう》馬《ま》であった。陸奥は坂本を敬愛し、坂本も陸奥を高く評価し、幕末の最終盤、陸奥は坂本の右腕として海援隊で活動する。

その坂本が暗殺されたことで、陸奥の人生はまた異なる方向に向かっていく。外国事務の職を皮切りに明治新政府に出仕した陸奥は、国家形成期の官僚として高い能力を示し、近代国家・中央集権国家建設策を力強く説いた。大阪・兵庫・神奈川各地で知事ないしそれに準ずる職を務め、大蔵省では地租改正の初期段階を担った。

しかしながら、出身地が待遇を左右する薩長藩閥政府において、陸奥はその才能にふさわしい地位や権限を与えられなかった。少なくとも、陸奥本人はそのように感じていた。不平不満の表れとして辞職の構えを見せたのは一度や二度ではなく、実際に政府の職を離れることもあった。その果てに、明治一〇（一八七七）年の西南戦争に際して政府転覆計画に関与し、投獄されるのである。陸奥は、山形・仙台の獄で四年あまりを過ごす。

出獄後、陸奥は約二年間のヨーロッパ遊学を経て再び、明治政府内の権力の階梯《かいてい》を歩み始める。その頃、政権中枢には、古くからの知己である伊藤博文《ひろぶみ》や井上馨《かおる》がいた。陸奥は外務省に出仕し、やがて駐米公使となってメキシコとの条約（日墨修好通商条約）を結ぶ。これは、日本が西洋諸国と締結した最初の対等条約であった。その後陸奥は、第一次山県有朋《やまがたありとも》内閣で農商務大臣に起用される。

とはいえ陸奥は、依然として、藩閥政府の枠内に収まる人物ではなかった。明治二三年の帝国議会開設を機に、活動の幅が広がる。幕末以来の人脈に由来する議会・政党勢力とのつながりは、有力な政治資源として活用し続けた。新聞や雑誌を用いて政府内の人物を攻撃することも珍しくなかった。また必ずしも陸奥が積極的に望んだわけではなかったものの、第一回の衆議院総選挙で当選し、閣僚中唯一の衆議院議員となった。第二次伊藤内閣期に外務大臣として功を挙げた後も、さらなる政治的台頭を目指し、活発な活動を展開した。政治の場で自らの才を振るうこと、

陸奥宗光

そしてそれを可能にする地位と環境を得ることに対して、陸奥は極めて熱心だった。

何をなしたかという点から見ると、外相時代、とりわけ条約改正と日清戦争が、陸奥の生涯最大の山場ということになるだろう。条約改正と東アジアの秩序の再編は、日本にとって、明治初年からの二大外交課題である。陸奥は奇しくも、その両方の重大な局面に、外務大臣として相対した。

しかし右に見たように、陸奥の人生全体を振り返ってみれば、終生関心を向けていたのは日本の政治体制の変革であった。陸奥が目指した政治のあり方を、政党政治と呼ぶのか、議院内閣制と呼ぶのか、はたまたデモクラシーと捉えるのか、そのあたりはやや難しい。ただいずれにしても陸奥は、外交指導者であるのと同じかそれ以上に、国内政治の世界に生きた人であった。明治三〇年に陸奥が亡くなったとき、陸奥と対立してきた陣営である進歩党は、「死に至るまで政界の一動力たるを失わず」と評してその死を悼《いた》んだ（終章参照）。そしておよそ二〇年後、陸奥とはいわば政治上の師弟関係にあった原 敬《たかし》が、政党内閣を組織する。

本書は、条約改正・日清戦争について最新の研究成果を反映させながら、陸奥の国内政治における格闘の軌跡を跡づけ、幕末から明治中期にかけての陸奥の激動の生涯と、それを取り巻く日本の内外政を描いていく。

陸奥は、自他ともに認める才子であり、能吏であり、策士であった。そして同時に、学究肌の智の人でもあった。その人となりは、「智力の輪転機」であるとか、「神経質の才子」であるそこから野心と覇気を除けば詩人・文学者に近いかもしれないなどと評された(『春汀全集』)。

学問・メディアの言説において、往々にして、知性派と言われる政治指導者は高く評価され、権力意志や権力闘争は低劣なもののように捉えられる。たしかに、政治指導者が優れた理念や深い見識を持っているにこしたことはない。しかしそれを現実化するには、権力政治の世界を生き抜く意志と力が必要である。その点、陸奥ほど、知識人の風貌を持ちながら政治への意志を前面に出していた政治指導者は、近現代の日本史上まれであろう。

権力のなかに生きた知性を活写したいというのが、本書の狙いである。

目次

第二章　維新官僚——能吏の自負と焦燥 ……41

陸奥宗光

「日本外交の祖」の生涯

凡　例

・本書中、史料を引用する際は、旧字体を新字体に、旧仮名遣いを現代仮名遣いにし、変体仮名やカタカナ、而（て）、之（の）、者（は）などをひらがなに改め、句読点・濁点を補うなどの修正を加えた。引用文中、（　）内は原注、〔　〕内は筆者による補注である。「ママ」のルビは、表記の揺れや誤字が見られるもののそれは原文でそのように書かれていることを示す。

・年月日は和暦で表記し、適宜西暦を書き添えた（海外の新聞の日付など、一部の例外を除く）。第二章2以降は年号（元号）が明治でほぼ一貫しているため、各章・節冒頭のみ西暦を記した。

・年齢はすべて数え年で表記した。

・外国の地名・人名の表記やふりがなは、おおむね慣用的な日本語表記を用いた。

・記述の典拠は、本文中では簡略かつ限定的に示した。ただし、本書末尾の文献案内と合わせれば一通り確認できるようになっているので、ご関心のある方はそちらを参照されたい。

第一章　幕末――紀州出身の志士

1　父と義兄の失脚

誕生と父伊達宗広

天保一五（一八四四）年七月七日、紀州和歌山の伊達藤二郎《とうじろう》宗広（千広《ちひろ》）とその妻政子《まさこ》のもとに、男子が生まれた。幼名は牛麿《うしまろ》（あるいは牛丸《うしまる》）、次いで小二郎《こじろう》、後の陸奥宗光である。「父宗広を見ずしては、子宗光の人物材幹も機略も鋭鋒も到底理解することが出来ない」（渡邊幾治郎『陸奥宗光伝』）との評もあるように、陸奥の人生を語るとき、父宗広の人となりから説き起こすのが通例となっている。その父子の生涯には、高い行政手腕、学究的側面、自身の才を頼りとした出世、そして失脚、と驚くほどの類似性が見られるからである。

伊達宗広は享和《きょうわ》二（一八〇二）年、紀州徳川家に仕える宇佐美祐長《うさみすけなが》の次男として生まれ、じきに祐長の弟、つまり宗広から見ると叔父である伊達盛明《もりあき》の婿《むこ》養子となった。その盛明が文化《ぶんか》一〇（一八一三）年に亡くなり、宗広は家督を継ぐ。跡目知行は三〇〇石であった。

宗広は藩主徳川治宝《はるとみ》の小姓として出仕し、その後、治宝や家老の山中俊信《としのぶ》（山中筑後守《ちくごのかみ》）に引き立てられて出世していく。勘定吟味役や寺社奉行を経て嘉永《かえい》三（一八五〇）年に勘定奉行となり、禄高は八〇〇石に上った。治宝が藩主の座を退いてなお掌握していた藩の金融・物産・流通部門も担当した。その栄達ぶりは、明治時代になって宗広とは対立する陣営の視点から描かれた紀州の歴史書、『南紀《なんき》徳川史』において、「藤二郎は御勘定奉行の筆頭にして、一位様（＝治宝）御意に叶い、威権飛鳥も落ちる勢い」と書かれるほどであった。

同時に宗広は、学問にも通じた人物だった。若き日に本居大平《もとおりおおひら》（本居宣長《のりなが》の養子）の門に入り、国学・歌学を学び、藩政中枢からの転落後はますます歌や禅の道に傾倒した。また、政治・行政の第一線で活躍していたさなかに書き上げた『大勢三転考《たいせいさんてんこう》』は、明治以前の日本有数の史論とされる。これから本書を通じて見ていく陸奥の学問遍歴や著述、そして近代日本を代表するメモワール（回顧録）である『蹇蹇録《けんけんろく》』が生み出された背景に、父宗広から受け継いだ資質があったのは間違いない。

宗広と政子の間には陸奥の前にも何人か子どもが生まれていたが、無事に成育したのは陸奥が初めてであった。とはいえ、陸奥は伊達家の跡取りではない。義兄の五郎宗興《むねおき》がいたからである。

宗広は前述の通り婿養子で、最初の妻は伊達盛明の娘の綾子である。その綾子が天保六(一八三五)年に亡くなり、まもなく宗広は政子を迎える。政子の父は治宝の御側御用取次《おそばごようとりつぎ》の渥美《あつみ》源五郎勝都で、宗広にとっては近しい藩の重役だった。宗広と先妻綾子との間には娘が二人いたが男子はおらず、そこで伊達家の血を引く長女の五《い》百子《おこ》に婿養子をとった。それが、宗興である。宗広は婿養子を藩に願い出る際、これから男子が生まれても嫡子にはしないと書いている。

幼少時の陸奥は、鳥居《とりい》藤四郎という人物のもとで育てられた。嘉永元(一八四八)年、鳥居の養育に感謝して白銀三〇枚を送った宗広の書き付けが残されている(『'97秋季特別展　陸奥宗光』)。歴史家の萩《はぎ》原延壽《はらのぶとし》は、夭折《ようせつ》や水子によって多くの男児を失っていた宗広夫妻は、牛のように頑健にという願いを込

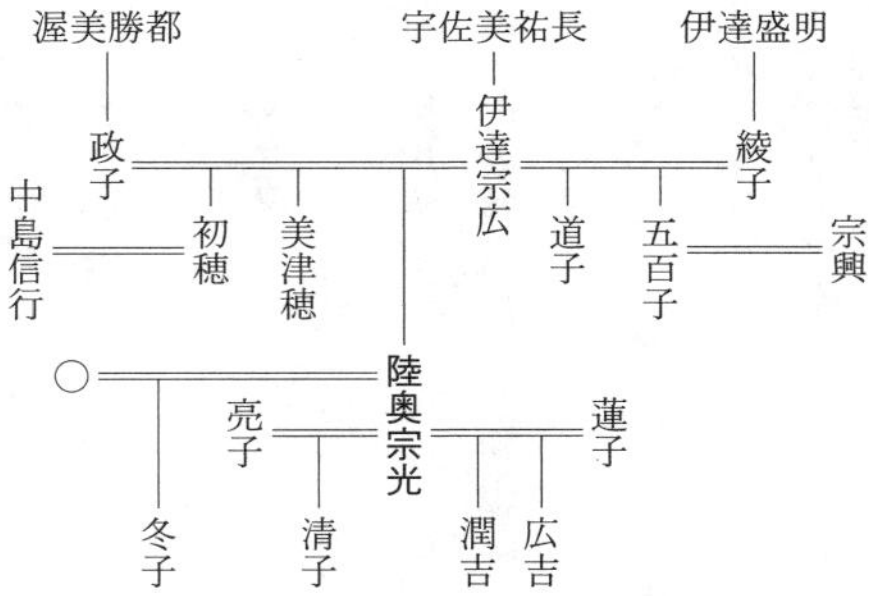

陸奥宗光関係系図

めて陸奥に牛麿という幼名をつけ、また同じような配慮に基づき幼少期に親元から離したのかもしれないと記している（萩原『陸奥宗光』）。

宗広の失脚

嘉永五（一八五二）年、紀州と伊達家に一大転機が訪れる。九月に山中俊信が、そして一二月に徳川治宝が亡くなったのである。宗広は治宝の死の直後、その月のうちに失脚して田辺城主の安藤直裕《なおひろ》（安藤飛騨守《ひだのかみ》。紀州徳川家付家老）にお預けとされ、跡目の宗興も翌嘉永六年一月に改易となった。

ここで、宗広失脚の背景となる紀州の歴史を簡単に見ておこう。徳川御三家の一つ、紀州徳川家は家康の子の頼宣《よりのぶ》を祖とする。そして孫の吉宗《よしむね》が第八代将軍となったことにより、いとこで伊予西条藩主の松平頼致《まつだいらよりよし》（徳川宗直《むねなお》）が紀州藩主に転じ、以降、その系統で宗将《むねのぶ》、重倫《しげのり》、治貞《はるさだ》、治宝と続いた。

徳川治宝は若くして藩主となり三〇年以上その座にあったが、文政《ぶんせい》七（一八二四）年、前年に領内でこぶち騒動と呼ばれる大規模な一揆が発生したのを機に隠居の身となる。次の藩主は、第一一代将軍徳川家斉《いえなり》の子、斉順《なりゆき》である。早世した者も含めると五〇人以上の子がいた家斉は男子を次々に大名家に送り込んでおり、世継ぎのいなかった治宝も、文化一三（一八一六）年、婿養子として斉順を迎えていた。
治宝は、藩主の座を譲った後も、山中や渥美、宗広らを用いながら実権を保持し、弘化《こうか》三（一八四六）年に斉順が亡くなると、西条藩主の松平頼学《よりさと》を後継藩主にしようとした。しかし幕府は、斉順の弟の斉彊《なりかつ》に跡を継がせる。このあたりから、和歌山の治宝らと江戸にいる付家老の水野忠央《ただなか》らとの間で対立が生じていた。そして治宝の死後、その側近たちが一掃される。宗広に続いて、山中家や渥美家も断罪されていく。

　陸奥の義兄・伊達宗興が改易となった嘉永六年というのは、黒船来航の年である。徳川宗家では、第一二代将軍の家慶《いえよし》が亡くなり、家定《いえさだ》が跡を継ぐ。紀州藩主は、すでに斉彊から、斉順の遺児である慶福《よしとみ》の代へと移っ

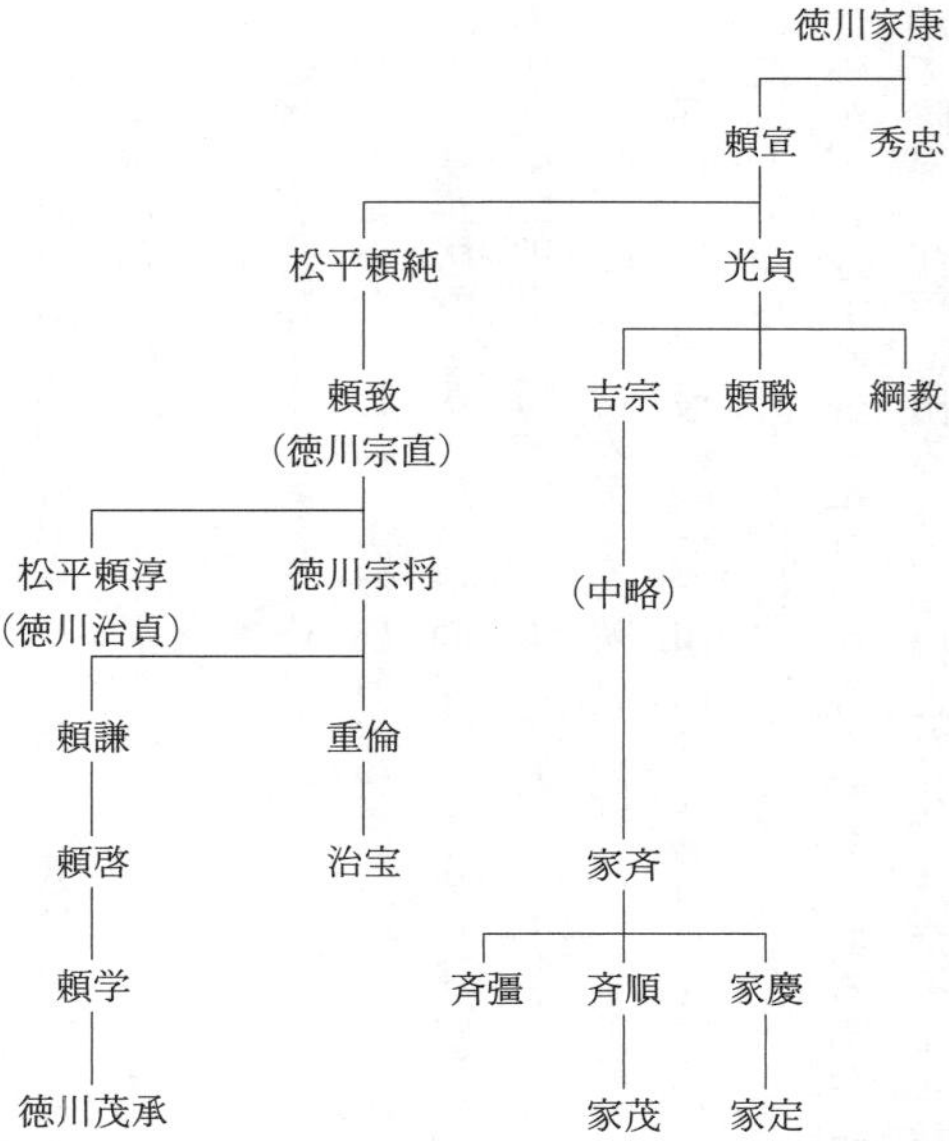

紀州徳川家関係系図

ていた。後の第一四代将軍家茂《いえもち》である。激動の幕末がすぐそこに迫るなか、陸奥は幼くして、父の栄華からの転落と逼塞生活を経験することとなった。

雌伏の少年時代──入郷と五條

和歌山城下を追われ、伊都《いと》郡名古曽《なこそ》まで送られた伊達宗興は、その後数年の間、紀ノ川《きのかわ》上流で何度か居所を変えた。時期ははっきりしないものの、陸奥、すなわち当時で言うところの伊達小二郎も、母や妹とともにこれに合流したようである。同郡橋本の一色《いっしき》宗介という人物が一時、陸奥を含め伊達宗興以下総勢一三名を養ったという。

宗興ら一行は、最終的に、伊都郡入郷村《にゅうごうむら》に落ち着く。真田昌幸《さなだまさゆき》・幸村《ゆきむら》父子が幽閉されていたことで知られる九度山村《くどやまむら》のすぐとなりである。庄屋の玉置家に住まいを提供してもらったほか、高野山《こうやさん》の古くからの荘官の家系である岡左仲《さちゅう》の世話になった。岡家との縁は、やがて陸奥が江戸に出るきっかけとなる。ただそこに話を進める前に、五條《ごじょう》での勉学に触れておかなくてはならない。

陸奥たちが住んだ入郷や橋本からさらに先、紀ノ川沿いをもう少したどっていくと、そこは大和五條である。五條は、尊王攘夷《そんのうじょうい》運動に影響を与えた儒者・森田節斎《せっさい》の出身地であり、またすぐ後で触れるように陸奥も習った森鉄之助《てつのすけ》がいるなど、儒学・漢学の一つの拠点となっていた。この時代、学問は、見聞や交友を広める手立てであり、道楽でもあり、立身出世の手段でもある。限られた地域や生業の枠を超えて世の中の動きに関心を持つ者が、五條とその近辺にそれだけいたということであった。

陸奥と五條とのつながりを示唆するものとして、陸奥の死の翌年に刊行された坂崎斌《さかざきさかん》（紫瀾《しらん》）の著、『陸奥宗光』がある（一般的には「坂崎」として知られるが、同書の奥付では「阪崎」となっている）。父宗広の失脚後、憤って復讐を叫ぶ陸奥を見た五條の書肆《しょし》（本屋）の主人が幕領の代官になることを勧め、喜んだ陸奥は五條の老吏のもとで食客《しょっかく》となって『地方《じかた》凡例録』や『落穂集』を読み算術を学んだ、というのである。劇的すぎてにわかには信じがたい話だが、これが事実無根でもない。

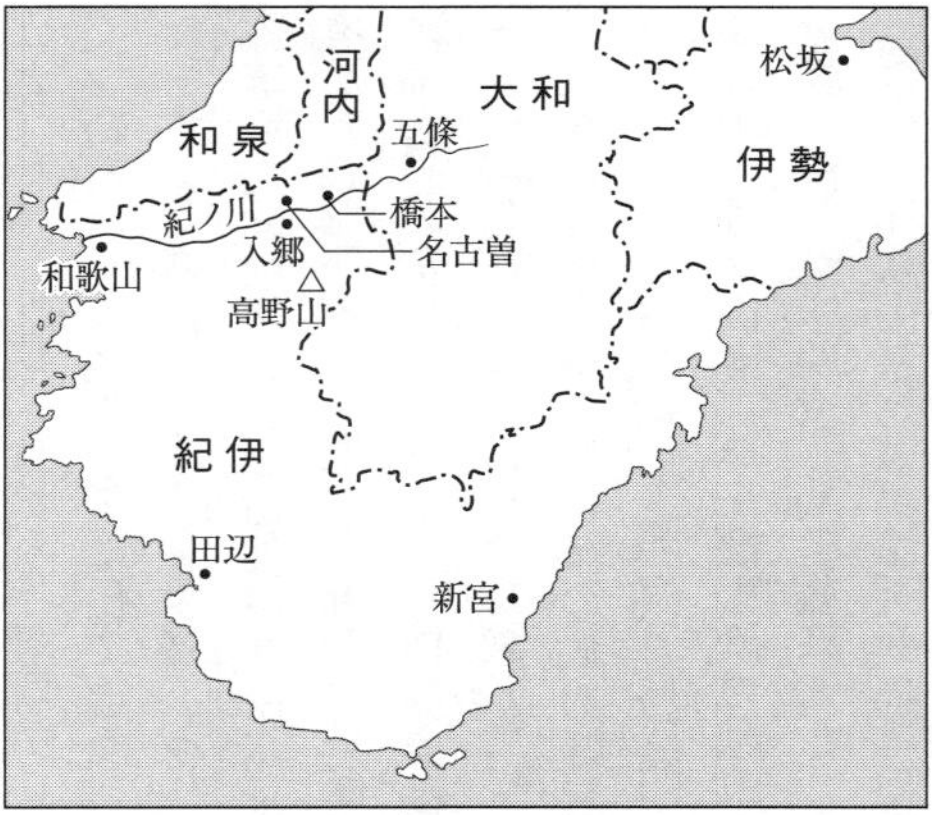

紀州地図

後年江戸に出た陸奥は、岡家の息子・熊太郎に手紙を送っており、そこには、「北厚治《こうじ》様」や「森先生」への伝言、取り次ぎを頼む旨が書かれている。北厚治は大和宇智《うち》郡御山《みやま》村の豪農で、岡家とは親戚。多くの志士や思想家と親交を結んだ。陸奥の手紙に出てきた「森先生」こと森鉄之助（竹亭《ちくてい》）に学び、また就職の斡旋をするなど森が学問で身を立てられるよう支援する関係性でもあった。

森鉄之助は、大和高市《たかいち》郡田井庄《たいのしょう》の生まれ。高市郡八木《やぎ》の儒者・谷三山《さんざん》の高弟であり、陸奥が五條を訪れた時期には五條主善館で教えていた。ペリー来航の少し前、大坂・奈良各地に逗留《とうりゅう》した吉田松陰《しょういん》は、森田節斎や谷三山と議論を交わし、森のもとも数度訪れて『孫《そん》子《し》』の字句解釈などについて論じている。

五條は後に、尊王攘夷派の武力蜂起《ほうき》・天誅組《てんちゅうぐみ》の変の舞台となる。そこには森田・森の双方に師事していた乾十郎《いぬいじゅうろう》や、森の門人で医者の井沢宜庵《いざわぎあん》が参加し、命を落とす。同じ頃、森の師の谷三山も、尊王攘夷論の献策をおこなっていた。陸奥は、時勢に対する関心と問題意識に満ちた空間で、基礎教養としての儒学・漢学を学んだのだった。

さて、和歌山県立図書館所蔵の「陸奥宗光及同一族自筆書簡」に、金銭のやりとりなどを記した入郷・五條期の陸奥や伊達宗興の手紙類がいくつか収められており、宛名は、「松屋久兵衛殿」、「久吉様」などと書かれている。嘉永二年の五條の絵図を見ると、北之町の一角に「松屋久吉」の名があり（『五條　町並調査の記録』）、この人物だろう。すぐ後の陸奥の書き付けが示すように松屋＝本城《ほんじょう》なので、天誅組の変の際に詳細な記録を残したことで知られる本城久兵衛も、おそらく同一人物である。

後年、栄達した陸奥のもとを本城が訪れ、それらの手紙を目にすることとなった陸奥は、森のもとで学んでいたときに学資を乞うた手紙であると説明書きを付している。またそのなかに、本城は書籍を扱う者であったとの記述もあるので、坂崎斌が『陸奥宗光』で紹介した逸話に出てくるような、陸奥と関係のあった書肆の主人というのは、本城（松屋）久吉のことだと思われる。伊藤痴遊《ちゆう》（仁太郎《にんたろう》）の『陸奥宗光』は、面白おかしく書かれた講談調で事実と明らかに異なる記述も多いが、陸奥を五條に誘った本屋の名を「久吉」としている。

ただし、たまたま示唆を与える者がいて陸奥は単身五條を訪れた、といった筆致の坂崎や伊藤の話は、実態と大きく異なる。岡家と北厚治は親戚であり、岡家の息子は陸奥と同じく森のもとで学んでいる。本城久吉とは、宗興も陸奥もやりとりをしている。つまりそこには、学問や時勢に関心を寄せる豪農、商人、医者、思想家・運動家、藩の枠から外れた武士などのネットワークが存在しており、少年陸奥もまた、その末端に加わっていたのである。

江戸へ

伊達一家の住んだ入郷は、高野山の入口に当たる。また前述の通り、世話になった岡家は高野山の荘官の家系である。さらに、確たる証拠は知られていないが、陸奥が高野山無量《むりよう》光院《こういん》で教えを受けていたという話はしばしば見られる。高野山西禅院《さいぜんいん》には現在、長年金剛峯《こんごうぶ》寺《じ》の座主を務めた獅岳（獅子岳）快猛《かいみょう》に宛てた、陸奥の書状が掲げられている。用件は、旧徳島藩主で特命全権公使の蜂須賀茂韶《はちすかもちあき》が高野山を訪れる際に相応の周旋《しゅうせん》を願いたい、というもので、そうした依頼ができる関係性であったことがわかる。陸奥自身も、明治になってから何度か高野山に逗留している。

いずれにしても陸奥は高野山とつながりがあり、その縁で、高野山江戸在番所（現在の東京別院）の寺男として江戸に出たという。安政五（一八五八）年、数え一五歳のときのことである。

江戸に出てからの陸奥について、渡邊脩二郎の『評伝陸奥宗光』は、「江戸に至りて中村小次郎と称す（後に又姓を岸野と改む）。最も窮困を極め、筆耕等の業を以て僅《わずか》に口を糊すること三年、漢籍を学ばんと欲して安井息軒《そっけん》の門に入り、又水本成美《なるみ》の塾に入る」と記す。陸奥の小伝（陸奥死去時に原敬が増補した部分）や坂崎斌の『陸奥宗光』も、似たような書きぶりである。

なぜ「中村」かというのを記しておこう。陸奥の実家は伊達家で、伊達氏というのは、その祖が、源頼朝《みなもとのよりとも》から陸奥国伊達郡を与えられて伊達と称した。そして伊達を名乗る前の姓は、伊佐《いさ》ないし中村である（『新訂寛政重修諸家譜』）。「陸奥」にしても「中村」にしても、伊達家ゆかりの姓であった。

安井息軒は日向出身の高名な儒者で、江戸で三計塾を開いていた。門下からは谷干城《たてき》をはじめ、明治政府で要職を務めることになる人物を何人も輩出している。いわゆる文久《ぶんきゅう》三博士の一人として、幕府の学問所である昌平坂《しょうへいざか》学問所（昌平黌《しょうへいこう》）でも教えた。安井の伝記所載の名簿によれば、中村小次郎と名乗っていた陸奥は、文久二（一八六二）年二月に入門したようである。

水本成美は江戸の儒者で、こちらも家塾を開いていた。天保二（一八三一）年生まれと幕末の志士たちと同じような年代であり、明治になってからも、初期の刑法典である新律綱領の編纂《へんさん》などで活躍した。その後、元老院議官として陸奥の同僚となる。

嘉永・安政の頃、安井は内外の情勢を憂い、藤田東湖《とうこ》を通じてつながりのあった水戸の徳川斉昭《なりあき》などに、時局対応についての意見書を度々提出した。水本も、昌平黌同窓の者たちと国事を論じ、ペリー来航に触発されて東京湾周辺を旅している。陸奥は五條に続き江戸でも、世の中の変化や動揺を強く感じながら、儒学・漢学を学んでいたのだった。

ちなみに、前述の伊藤痴遊の『陸奥宗光』は、安井のもとで学んでいた陸奥は吉原通いなどの不行跡を知られ、退塾を命じられたとする。そして医者のもとに転がり込んで吉原の遊女・歌川と懇ろな仲になり、陸奥の身の上を知った歌川は陸奥が帰郷する金を用立てて別れた、という。さらに『陸奥宗光 続編』では、後に明治になって陸奥は伊藤博文とともにその歌川を探し出したと書かれている。いずれも真偽不明だが、医者のところで養生していたときに遊女と親しくなったというのは、明治初期を中心に陸奥と親交があった大江卓《たく》も語っている（ただし大江の話では、深川の芸者・香川となっている）。

桜田門外の変

少しさかのぼると、嘉永七（一八五四）年に日米和親条約が結ばれた後、将軍家定の後継の座をめぐって紀州の徳川慶福を推す南紀派と、一橋慶喜《ひとつばしよしのぶ》を推す一橋派の争いが展開され、井伊直弼《なおすけ》ら南紀派が勝利する。安政五（一八五八）年、家定が亡くなり慶福は第一四代将軍家茂となる。

同じ年の四月、井伊直弼が大老に就任し、六月に日米修好通商条約が調印される。幕府が勅許を求め、それが得られないままの調印であった。老中の堀田正睦《まさよし》らとしては、勅許は得られるものと思い、条約締結の正統性を高めるためにそうした手順を踏んだのだが、結果的に天皇・朝廷の権威や権力を幕府自ら認めたような格好となった。そして結局、天皇の意に反して条約に調印するかたちになり、尊王攘夷運動に火をつけることにもなった。大老井伊は、一橋派や尊王攘夷運動に関わる人々を厳しく取り締まり、安政の大獄となる。その井伊が、安政七年三月、桜田門外の変で暗殺される。

徳川慶福を将軍後継とする際、井伊直弼とともに南紀派の一角を担っていたのが、紀州付家老の水野忠央だった。前述の通り、水野は紀州藩内では隠居の徳川治宝のグループと対立関係にあり、治宝死去後、その側近たちの一掃を主導していた。水野家は独立した大名ではないものの、三万五〇〇〇石を有する新宮《しんぐう》城主であり、また水野自身は、妹を将軍の側室にするなど幕府中枢にもつながりがあった。

井伊が暗殺されたことで、それに連なって紀州の政治情勢も変化する。桜田門外の変からほどなくして万延《まんえん》元（一八六〇）年六月、水野は隠居謹慎の身となった（桜田門外の変後に改元。安政七年＝万延元年）。翌文久元（一八六一）年の六月には、伊達宗広・宗興ら、かつて治宝死去後に処罰を受けた人々が赦免される。江戸にいた陸奥もいったん和歌山に戻り、久しぶりに父と対面したと言われる。

義兄宗興の脱藩と失脚

さて、伊達宗興は再び藩に出仕することになったものの、七人扶持という微禄である。通常の藩士として歩む気にはならなかっただろう。翌年、脱藩する。

そして実はそれ以前、水野が失脚した万延元（一八六〇）年の一一月、宗興はひそかに江戸に出てきていた。藩政一新や伊達家の復権を画策していたものと思われる。

陸奥のときと同じく、そこでものを言ったのも、岡家・高野山とのつながりであった。岡左仲は江戸の知己に宗興と陸奥の世話を依頼し、また宗興が江戸に出てきて当面の居所としたのは、霊岸島《れいがんじま》にあった真言宗《しんごんしゅう》の円覚寺《えんがくじ》である。明けて一月九日、中村龍太郎という変名で岡に送った宗興の書状には、皇女和宮《かずのみや》の下向のことで高野山江戸在番所から頼まれて名古屋に行ったとも書かれている。万延元年一一月、孝明《こうめい》天皇の妹の和宮が将軍家茂に嫁ぐことが発表されており、和宮は翌文久元（一八六一）年一〇月、京都を発つ。

なお、江戸の宗興や陸奥が岡家に送った手紙に、陸奥が聖堂で勉強しているという記述がある。「聖堂」というのは素直に考えると昌平坂学問所のことで、「陸奥宗光関係文書」中にも、陸奥が昌平黌で学んだと書いているものがある。ただ、昌平坂学問所の側の記録を見てもそれらしい名は見当たらず、陸奥がどのようなかたちで出入りしたのかはよくわからない。

文久二年、天皇・朝廷や雄藩、尊王攘夷を唱える志士たちの動きが活発になる。勅使《ちょくし》が薩摩の島津久光《ひさみつ》を伴って江戸に来て幕府に要求をつきつけ、一橋慶喜が将軍後見職、越前の松平春嶽《しゅんがく》が新設の政事総裁職に就く。

そうしたなかで一一月、伊達宗興は一家を連れて脱藩し、志士の世界に飛び込んだ。義父の宗広も、必ずしも志士活動をするためということではないが紀州を去り、京都で暮らすようになる。

京都に到着した宗興や一緒に藩を抜けた横井次大夫は、中川宮《なかがわのみや》（朝彦《あさひこ》親王。青蓮院宮《しょうれんいんのみや》）に仕える三宅定太郎《じょうたろう》、土佐の平井収二郎《しゅうじろう》（他藩応接役。武市半平太《たけちはんぺいた》率いる土佐勤王党の中心的人物で翌文久三年に刑死）、長州・薩摩の藩士と相次いで面会する（『脱走始末』、「隈山春秋」）。中川宮は孝明天皇と非常に近しい関係にあり、かつ盛んに政治的活動をおこなっていた。

一二月、宗興と横井は、関白近衛忠煕《このえただひろ》の書状を持って江戸に向かう。松平春嶽から送られてきていた書状に対する返書であり、そのなかで近衛は宗興らを、御三家紀州から出た有志の者であると紹介し、引き立てるよう求めていた。

二人は途中、宗興が脱藩したと聞いて京に上ってきた陸奥と出会い、ともに江戸にやって来る。江戸に着いた宗興と横井は、近衛の書状を届けるとともに、松平春嶽側近の中根雪江《せっこう》《ゆきえ》に面会し、水野忠央と安藤直裕の専横の弊を訴えた。幕府の「御声掛り」によって藩政を一新したいというのである（『続再夢紀事』、『脱走始末』、『南紀徳川史』）。

藩を抜け、さらには藩内の問題を幕府に訴え出るなど、それまでの常識から言えば到底認められる行動ではない。しかしそこは、動乱の幕末である。活発に動き回り、朝廷や幕府中枢にまでつながりを持ってしまった宗興らは差し当たり赦され、文久三年、帰藩したうえで今度は紀州の担当者として京などで活動することとなる。紀州では幕府からの命で久野純固《くのすみかた》が藩政を司るようになり、安藤直裕は隠居を命じられた。

だが、宗興の再びの失脚はもうまもなくだった。翌元治元(一八六四)年五月、和歌山に帰るよう命が下り、幽閉の身となる。翌年、義父の宗広も帰国が命じられる。宗興が糾弾し、隠居に追い込まれた安藤は、元治元年九月に家老に復帰していた。伊達家が再浮上した期間は、あまりに短かった。

そして陸奥は、紀州や伊達家の者としてではなく、坂本龍馬のもとで、幕末の政治史の片隅にその足跡を残すことになる。

2　志士の世界へ

坂本龍馬との出会い

陸奥にとって、九歳上の坂本龍馬は、父宗広を除けばその生涯において最も影響を受けた人物だった。坂本の側も、海援隊中に数十の壮士はいるものの、団体の外で独立してその志あるところをおこなうことができるのは自分と陸奥だけだ、などと語ったとの逸話がある(「小伝」)。真偽のほどは定かでないが、これから見ていくように、坂本と陸奥が互いに認め合っていたのは間違いない。ただし、両者の関係が深まったのは、おそらく坂本が暗殺される前年の慶応《けいおう》二（一八六六）年からである。

　陸奥と坂本が出会った経緯については諸説ある。坂崎斌の『陸奥宗光』は、文久三（一八六三）年に坂本は京都粟田口《あわたぐち》の伊達宗広のもとを度々訪れていたと記す。陸奥の小伝は、坂本が陸奥の才を認めて勝海舟《かつかいしゅう》の塾に入ることを勧めたとしている。他方、勝海舟は、紀州藩主の依頼を受けて自身の塾に連れて帰った「都合二十五名の腕白者」のなかに、伊達宗興から託された陸奥も含まれていたとする（『氷川清話』）。勝が海防の視察のために紀州を訪れたのは、文久三年四月である。三月までの時点で陸奥と坂本は面識があり、ただし陸奥が勝の塾で学ぶようになった直接的なきっかけは、勝の回想の通りなのかもしれない。ともあれ文久三年、二〇歳の陸奥は勝海舟の塾の一員となり、坂本と接する機会は少なからずあったものと思われる。

　この頃の陸奥と坂本との関わりを示す逸話として、六月、乾十郎が斬られそうだと言って陸奥が坂本に助けを求め、坂本が見事に一件を収めたので陸奥が慕うようになった、というものがある（阪崎『陸奥宗光』）。脚色あり創作ありの坂崎斌の筆だが、坂本と乾が関わる騒動があったこと自体は、乾やその周辺の人物の書簡、勝の日記などから確かめることができる。そして乾は前述の通り、陸奥も少年期に学んだ五條の森鉄之助の門人である。尊王攘夷運動に奔走し、その方面での紀州の代表である陸奥の義兄・伊達宗興とも接触していた（「井

澤宜庵関係文書」、『海舟日記』、『贈正五位乾十郎事蹟考』）。

さらに具体的な逸話もあって、七月二二日、坂本は越前藩邸に「家老岡部造酒助《みきのすけ》」を訪ね、一士を託したい、と依頼したとされる。それが陸奥のことで、坂本が言うには、「此者《このもの》他日必ず有為の人物となるべし。其《その》弁舌の鋭利に過ぐるより、浪士の輩に憎忌せらるるを以て、不慮の禍に罹らんも図り難し。故《ゆえ》に、之《これ》を救わんと欲するなり」とのことであった（渡邊脩二郎『評伝陸奥宗光』）。坂本は六月から七月初頭にかけて何度も京都の越前藩邸を訪れ、その後も大坂と京都の間を往復しており、七月二二日に越前藩邸を訪問したというのはあり得る。またこのとき、岡部家当主で家老の岡部豊後《ぶんご》は九州に派遣されていたので、坂本が陸奥のことを託した相手は「家老岡部」ではないはずだが、息子の岡部造酒助は京都にいた（『勝海舟全集』、「上京中日記」、『続再夢紀事』、『福井藩士履歴』）。

ちなみに陸奥自身、七月一五日に越前の青山小三郎（貞）と面会している。義兄の伊達五郎宗興は紀州の代表として越前を含め諸藩とやりとりをしていたので知られており、青山の日記には、「五郎弟・伊達小次郎」と記されている。

なお、陸奥の用いる名字がどの時点で中村から伊達に戻ったのかは、定かでない。少なくとも文久三年は、宗興が正式に紀州藩士として活動しているということで、陸奥も伊達姓を名乗っていた。名の方は、父宗広が藤「二」郎であるし、宗興が藩に提出した書類などを見てもおそらく小「二」郎が正しいのだが、史料上は小「次」郎となっているものの方が多い。

才子・小次郎

それにしても、弁舌が立ちすぎて浪士に憎まれ不慮の禍にあうかもしれない、とはずいぶん物騒な話である。陸奥はこの手の、眉をひそめられるような才子ぶりを示す逸話には事欠かない。勝海舟は、自分の塾にいたときの陸奥について次のように述べている。

「塾中では、小次郎の評判は、甚だわるかった。みなのものはあれを「嘘つきの小次郎」と言って居た。全体、塾生には、薩州人が多くって、専心に学問をするというよりは、むしろ胆力を錬《ね》って、功名を仕遂げるということを重んじて居たから、小次郎のような小悧巧な小才子は誰にでも爪弾《つまはじ》きせられて居たのだ」（『氷川清話』）

後の長崎時代には、多数の銭貨を財布の底につめ、その上に金貨や銀貨を入れ、買い物をするときにはまず財布を投げてガチャリと音をさせ、そこから金銀を手当たり次第につかんで上客と思わせたという。布団を新調しようとしたが中に入れる綿を買う金のない陸奥は、綿屋に航海用の布団を新調するからといって見本を持ってこさせ、多くの見本から一つまみずつ綿を抜き去ったうえで理由をつけて返品し、ついに布団一枚分に十分な綿を集めてしまった、などという話もある（阪崎『陸奥宗光』）。

いずれも、どこまで本当かはわからないが、ありそうな話ではある。そして陸奥自身、「小悧巧な小才子」とみなされることを恥とは感じていなかったものと思われる。腕力ではなく智、地縁や血縁ではなく能力を尊重すべきという考えを、陸奥は終生、持ち続けていた。

幕末の陸奥

京都・大坂・神戸時代

この時期、陸奥は、勝海舟の私塾や神戸海軍操練所に属していたらしいということ以外にも、広瀬元恭《げんきょう》の塾、時習堂に出入りしていたことがわかっている。門人帳には、紀藩の伊達小次郎として、文久三（一八六三）年一一月二四日の入門と書かれている。

広瀬元恭は甲斐で医師の家に生まれ、江戸に出て蘭学を学んだ後、京都で医業をおこないながら蘭学塾の時習堂を開いていた。代表的な門人としては、佐賀藩で西洋の文物の導入に尽力した佐野常民《つねたみ》や、数々の発明品で知られ現在の東芝につながる製作所を設立した田中久《ひさ》重《しげ》がいる。

また、どの時期のことなのかははっきりしないが、幕末、三井総領家跡取りの三井高朗《たかあき》は諸方面に情報網をはりめぐらしていて、「陸奥宗光の如きも、一書生の時に之《これ》を養うて利用したり」という証言も残っている（『三井事業史』）。三井家発祥の地は伊勢松坂《まつさか》で、松坂は、紀州藩領である。紀州は、三井にとって大口の取引先の一つであると同時に、そうした特別な間柄にあった。したがって、一時紀州の金融・財政の中心的人物だった伊達宗広は当然三井側によく知られており、その息子の陸奥を、三井が情報収集役として用いるというのは十分にあり得る。

さて、陸奥自身はまだ直接的には関わらないものの、幕末の政治はめまぐるしく動いていた。文久三年、朝廷の求めに応じて将軍家茂は上洛し、攘夷決行を約束させられてしまう。尊王攘夷派が主導する長州は五月、付近を航行する西洋船を砲撃した。前年に生麦事件のあった薩摩も、七月にイギリスとの間で戦闘が発生する（薩英戦争）。

京都では志士が盛んに活動し、朝廷内で長州・志士とつながる急進的尊王攘夷論の三条実《さね》美《とみ》らは、攘夷実行を促す天皇の大和行幸を計画する。しかしそこで八月、孝明天皇や中川宮らの支持を得て会津と薩摩が手を組み、長州勢力は京都から一掃される（八月一八日の政変）。大和行幸の発表に呼応するかたちで五條の代官所を襲撃した天誅組も、すぐに掃蕩《そうとう》された。

翌元治元（一八六四）年、新選組の襲撃を受け多数の志士が命を落とした池田屋事件を機に長州が挙兵し、京都に攻めかかる。この禁門の変で敗れた長州は朝敵となり、やがて長州征討が始まる。雄藩の国政参加を持論とし、志士や浪士を多数抱えていた勝海舟は、江戸に呼び出され、軍艦奉行を罷免《ひめん》された。

そこで勝のもとにいた面々のうち、土佐の者など一部は大坂の薩摩藩邸に身を寄せることになった。ただし、そのなかに陸奥がいたかどうかは定かでない。慶応元（一八六五）年四月に坂本龍馬が薩摩の小松帯刀《たてわき》や西郷隆盛《さいごうたかもり》とともに大坂を発するので、陸奥もそれに同行したと考えられている。

薩長同盟

鹿児島に到着した坂本は、その後各地を飛び回った。長崎で社中（亀山社中）が結成され、土佐の者たちの多くはそこで活動するが、坂本自身はほとんど長崎にとどまっていない。そして坂本と社中は翌年にかけて、薩長同盟（薩長盟約）の成立に関与する。

慶応元（一八六五）年、将軍家茂が長州征討のために再び上洛する。前年の第一次征討は長州側が降伏していったん収まったものの、その後の処分などをめぐって事態は落着していなかった。

この第二次征長に、薩摩は反対だった。一方、幕府に抗戦するつもりの長州は、戦争が始まる前に武備を整える必要があった。そこで、社中が薩摩名義で銃や船をグラバー商会から買い入れ、それを長州に引き渡すというかたちで取引がおこなわれる。この他にもいくつかのルートで薩長の接近を働きかける動きがあり、両藩の提携が現実化してくる。

ただ、薩長間には感情的なしこりや立場の違いもある。そのなかで最後に一押しをしたのが坂本で、慶応二年一月、京都に入り、膠着《こうちゃく》状態にあった薩長の会談を仲介する。会談後、長州の木戸孝允《たかよし》は坂本に書簡を送り、取り決め内容の確認を求めた。坂本は寺田屋で襲撃を受けたのをはさんで二月五日、それに誤りがない旨を裏書きし、木戸に返した。

繰り返しになるが、慶応元年から翌二年にかけて、坂本は長崎にいることも、土佐グループの面々と一緒に行動することもほとんどなかった。にもかかわらず従来の陸奥の伝記は、坂本・亀山社中・陸奥を一群のものとして捉えようとするので、海援隊結成以前の陸奥の動静がうまく見えてこなかった。しかし周辺の史料を参照すると、この頃の陸奥の姿は、それなりに明確に浮かび上がる。

長崎時代——錦戸広樹として

まず確認しておくべきことは、その時期の陸奥は、志士らしく変名を使って錦戸広樹《にしきどひろき》という名で、薩摩の小松帯刀に抱えられていたということである。例えば長崎で英語を教えていた何礼之《がのりゆき》（礼之助）の塾の門人中に、その名がある。

何礼之は長崎唐通事《とうつうじ》の家に生まれ、初めは独学で、次いで長崎を訪れた外国人たちから英語を学んだ。幕臣に取り立てられ英語稽古所の学頭を務めるかたわら、家塾を開き、前島密《まえじまひそか》、前田正名《まさな》、芳川顕正《よしかわあきまさ》など、明治期に活躍する人物が多数習った。そしてそのなかに、陸奥や、越前出身で土佐グループの主要メンバーである白峰駿馬《しらみねしゅんめ》もいた。何に英語を教えた人物の一人は著名な宣教師のフルベッキであり、フルベッキは、何の塾でも授業をおこなっている。何は天保一一（一八四〇）年生まれで陸奥とは四歳しか違わず、後で見るように、明治初年に陸奥と多々縁があった。

社中はグラバーから武器だけでなく船（ユニオン号）も購入しているが、その際、薩長の間に立ってその運用などに関する折衝を中心的に担ったのが、饅頭屋長次郎《まんじゅうやちょうじろう》こと近藤長次郎（上杉宗次郎）であった。その近藤は、慶応二（一八六六）年一月に長崎で詰め腹を切らされてしまう。ひそかにイギリスに渡ろうとしていたのが社中の人々に知られ、追及を受けたとされている。

この近藤自裁の報を京都で伝えて回ったのが、錦戸広樹こと陸奥であった。薩摩の桂久武《ひさたけ》の二月一〇日の日記では、「小松家抱え錦戸広樹」と書かれている。また坂本の妻お龍《りょう》は後年、「或日伏見の寺田屋へ大きな髻《わげ》を結った男が来て、阪本《ママ》先生に手紙を持て来たと云いますから、私は龍馬に何者ですかと聞くと、アレは紀州の伊達の子だと云いました。此時から龍馬に従ったのです。持て来た手紙は饅頭屋の長次郎さんが長崎で切腹した事を知らせて来たのです」と語っている（「千里駒後日譚」）。もっとも、坂本は一月に寺田屋で襲撃を受けてお龍ともども薩摩藩邸に移っているから、この話の場面は寺田屋ではないだろうが。

錦戸広樹と名乗っていた頃の陸奥（右から２番目）

　京都の薩摩藩邸に身を寄せていた坂本は、三月に大坂から船で鹿児島に向かう。小松や西郷、お龍、そして陸奥も一緒であった。船は途中、八日夜に長崎に着き、陸奥はそこで下船した。このとき陸奥は、坂本から甥で社中の高松太郎に宛てた書簡を託されている。

このあたりの時期の陸奥について興味をそそる話として、薩摩の寺島宗則《てらじまむねのり》の回想談がある。すなわち寺島は、慶応二（一八六六）年にイギリスから帰ってくる途中、上海《シャンハイ》でイギリスの帆船に乗り、「長崎に入らずして」五月二四日に薩摩阿久根《あくね》から上陸した。そして、その船に陸奥ともう一人薩摩の者がおり、なぜ乗船しているのか尋ねたところ、「帆船の使用を学ばんが為なり」との答えだったというのである（「寺島宗則自叙伝」）。

この話を紹介した萩原延壽は、上海行きのことは陸奥自身の回想のなかにも幕末期のさまざまな挿話のなかにもまったく登場しないが、寺島の記憶を信用する限り、陸奥の上海行きを推論せざるを得ないと記している（萩原『陸奥宗光』）。しかしながら、寺島の話を裏づけるような史料は他にもある。

陸奥が亡くなったとき、明治三〇（一八九七）年八月二四日の *The Japan Times* に、J. F. Lowder という人物から寄せられた、次のような文章が掲載された。

六〇年代初頭、彼が一九歳か二〇歳のとき、長崎にいた彼は英語を学ぶことを望んでいた。私の知り合いの婦人が彼に興味を持ち毎朝読み書きを教えていたが、彼が上達の遅さに落胆して私のところにやって来るのにそう時間はかからなかった。彼は私に、英語のみを使う船での仕事をもらえないかと尋ねた。私は彼がそのような難儀なことに耐えられる身体ではないと思ったのでやめるよう説得したのだが、ダメであった。そこで、幾分かの不安を抱きつつ、私は彼をキャビン・ボーイとして——それが彼のために得ることのできた唯一のポジションだったのだ——長崎・上海間を航行するイギリスの小さなスクーナーに乗せた。彼がどれほどのあいだ船に乗っていたか確言はできないが、私の記憶では、それはかなりの期間であった。

このような話を知っているJ. F. Lowderとは誰かということが問題となるが、それは、幕末にイギリスの長崎領事館に勤務していたジョン・フレデリック・ラウダーである。通訳生として、これから本書で何度か出てくるアーネスト・サトウの先輩に当たる。

イギリスの外交史料にも、日本人が乗組員としてイギリス船に乗り込むという話を記した文書が残っている。一八六六年五月一〇日付で、イギリスの長崎領事館に対し、薩摩の武士数名が航海術（navigation）と操船技術（seamanship）を学ぶために日清《にっしん》沿岸を航行するイギリス船に乗ることを望んでいるとして、それに対する支援を求める文書が提出されている。提出したのは、薩摩藩や長崎の社中と関係の深い、グラバー商会である（FO796/33）。

寺島の回想、ラウダーの回想、グラバー商会提出の文書はそれぞれ話が完全に一致しているわけではないが、間接的な証拠でもこれだけ集まれば十分というものだろう。陸奥がイギリス船に乗って上海にまで足を延ばしていたのは、ほぼ間違いないと思われる。

3 坂本龍馬の導き

陸奥姓を名乗る

さて、「坂本龍馬手帳摘要」によると、慶応二（一八六六）年、坂本龍馬、寺内新右門（信左衛門、新宮馬之助）、多賀松（高松）太郎、菅野覚兵衛《すがのかくべえ》、白峰駿馬、陸奥元次郎、関雄之助（沢村惣之丞《そうのじょう》）の七名に対し、薩摩藩から毎月三両二分が支給されていた。何月からなのかは不明なものの、受領証の例として記されている日付は一〇月三日である。

これは、現在知られている史料のなかで、「陸奥」という姓が記された最初のものである。一時的な変名ではなく、以降、陸奥姓を名乗る。名の方は、ここでは「元次郎」で、後で触れる岩崎弥太郎《やたろう》の日記でも「元次郎」となっているが、陸奥自身は「源二郎」と書いており、その後どこかの時点で「陽之助《ようのすけ》」に一本化される。

右に挙げた者のうち、坂本と陸奥を除く五人に、この時点ですでに亡くなっていた近藤長次郎と黒木小太郎を加えると、勝海舟の塾以来のグループの主要メンバーとなる。坂本は、土佐出身者を中心とするそのグループの最重要人物ではあったが、いわば別格の存在で、単独行動が多かった。

そして陸奥は、一般的には勝の塾や神戸海軍操練所、亀山社中の一員であったとされ、坂本に私淑していたとも言われるが、実は慶応元年まで、坂本や土佐グループの周辺で陸奥の影は薄い。慶応二年になってようやく、右の薩摩藩からの支給金受領証に見られるように、伊達でも錦戸でもなく陸奥として、土佐グループの主要メンバーとなり、翌慶応三年、急速に坂本のかたわらにその姿が立ち現れてくるのである。土佐グループの者たちが書いていたとみられる雑記帳の「雄魂姓名録」には、慶応三年三月頃、上方で金策や商売のために動き、薩摩の重役と交渉する陸奥の様子が記されている。

海援隊創設

慶応二（一八六六）年六月、第二次長州征討が始まる。ただ、薩摩をはじめ出兵を拒む藩があるなど幕府軍の士気や統制は十分ではなく、そのうちに七月、将軍家茂が亡くなってしまう。家茂没後にまず徳川宗家を継いだ慶喜は、一二月に改めて第一五代将軍に就任した。そして同じ月、孝明天皇が亡くなる。

海援隊（左から３番目が坂本、４番目が陸奥）

慶応三年に入り、長崎の坂本のもとに、かつて土佐勤王党が暗殺した吉田東洋《とうよう》の甥で土佐重臣の後藤象《しょう》二郎《じろう》がやって来た。土佐では同じく吉田系だった福岡孝弟《たかちか》も動き、坂本は中岡慎太郎《しんたろう》ともども脱藩の罪を赦されて海援隊・陸援隊の創設が決まる。四月、坂本を隊長とする海援隊が発足した。六月には、大政奉還路線での薩摩・土佐の提携を確認する薩土盟約が坂本・中岡立ち会いのもとで結ばれる。

海援隊ができてまもなく、いろは丸事件が発生する。海援隊は伊予大洲《おおず》藩の蒸気船いろは丸を運航することとなり、四月一九日に坂本らを乗せて長崎を出港したのだが、讃岐沖で紀州の明光丸《めいこうまる》と衝突し、沈没してしまう。海援隊の者たちは明光丸に乗り移り無事であったが、事故の責任と、船と積み荷代金の賠償が問題となる。海援隊と紀州の談判は五月一五日に長崎で始まった。

結局、積み荷が何だったのかはよくわからず、またそもそも海援隊の側に事故の責任があったようだが、後藤象二郎が海援隊を強力に支援し、坂本もあの手この手を使い、紀州に莫大な償金を支払わせた。真偽不明の話だが、日ごろの言動を他の海援隊員から快く思われていなかった陸奥は、相手方が紀州だったためこれにかこつけて殺されそうになり、それを、後に陸奥の妹と結婚する中島信行《なかじまのぶゆき》が助けたとも言われている（阪崎『陸奥宗光』）。

海援隊の受難は続く。七月、イギリス船イカルス号の乗員が殺害され、海援隊員の犯行だと疑われたのである。実際には犯人は筑前福岡藩の者だったが、すでに自害し、藩もそれを隠していた。土佐人の犯行であると信じ込んだイギリス側の姿勢は強硬で、坂本は八月から九月上旬まで長崎でこの問題に当たることになる。

「商方之愚案」

この頃陸奥は、長崎にいる。海援隊関連の会計を扱っていた土佐の岩崎弥太郎の日記に、六月以降、何度か陸奥の名が出てくる。

そして七月、「陸奥源二郎宗光」の名で意見書、「商方之《の》愚案」を草し、八月に坂本に提出した。「宗光」という名で書かれた手紙や意見書としては、最も早いものである。

意見書は、「商船運送之事」、「取組商売之事」、「商船より船持に運上を出させしむる事」という三つの論から成っている。海援隊が商取引を拡大させていく方法を論じたもので、破船のリスクを船主と荷主どちらがどのように負うか、いかにして海援隊を全国展開し、船を十分に運用するか、といったことについて、西洋の本の訳書なども参考にしながら検討した。

そして、隊長の坂本の下で、兵事にたずさわる隊士と商事にたずさわる隊士を分け、陸奥自身は商事部門を担おうとしたのであった。

陸奥は、西洋諸国には同盟商方(「コンペニー・コンメンス」)というものがあるとして、それを日本の現状に合わせるかたちで導入しようとした。集合体が商取引や事業をおこなうカンパニー(商社、商人会社)は、前年刊行の福沢諭吉《ゆきち》『西洋事情』でも取り上げられており、この年には、幕府勘定奉行の小栗忠順《おぐりただまさ》(小栗上野介《こうずけのすけ》)らが設立を建議し、いわゆる兵庫商社が発足している。陸奥と近いところでは、薩摩の五代友厚《ともあつ》が、慶応元年にヨーロッパに渡って以来、ベルギーや長州との間で合弁商社設立に取り組んでいた。陸奥も含め、それぞれ説明内容やそれを導入しようとする目的は異なるが、日本とは異なる西洋の商業・通商の仕組みに注目していた。

意見書中、「此《こ》の三条は、予が自から行い能《あた》う所にして、空談するに非ざるものを記す」とあるのは、いかにも陸奥らしい言である。「空談」を批判し、自らの実行力を誇るのも、有力者に意見書を提出して改革と自分の登用を訴えるというのも、この後の陸奥の人生で何度も見られる。そしてこのときは、陸奥にとって幸いなことに、坂本はこの意見書で陸奥を高く評価したようである。

九月、海援隊はオランダ商人のハットマンからライフル銃を購入する。土佐の佐々木高行《たかゆき》は日記に、「小銃買入の周旋は、陸奥陽之助なり」と書いている。同じ頃、丹後田辺藩との間でも海援隊が海運・商取引を請け負う話が進んでいて、陸奥はそちらも担う。九月一八日、坂本、陸奥、同じく両交渉に当たった菅野覚兵衛、田辺藩の担当者らは長崎を発し、下関に入った。坂本はそこから土佐に渡って購入した銃一〇〇〇挺を引き渡し、陸奥は菅野とともに銃二〇〇挺を持って大坂に向かう（『岩崎弥太郎日記』、「海援隊商事秘記」、『保古飛呂比』）。

坂本暗殺

いよいよ、幕末の政局も大詰めである。薩長が武力倒幕を図るのに対して、それに抗する土佐は一〇月三日、大政奉還を求める建白書を幕府に提出した。これに応じて一四日、将軍慶喜は大政奉還を朝廷側に申し出る。

一〇月下旬、大坂の陸奥のもとに、土佐を経て京都に入った坂本から書状が届く。海援隊が仙台の産物を売りさばくという話を京都の宿・沢屋の加七が持ち込んできており、一万両の拠出を求められた坂本は以下のように応じた。

「商法の事は陸奥に任し在之候得《これありそうらえ》ば、陸奥さえウンといえば、金の事をともかくもかくすべし。然《しか》る右ようの大金をスワというて出すものにてなし。よくよく心中にもわかり候よう、陸奥に咄《はな》し致しくれ候」

しかし加七は陸奥に早く上京してもらい先方と引き合わせたいと坂本をせっつくので、坂本は加七の目の前で手紙を書いて、そのような話があることを陸奥に知らせたのである。「商法の事は陸奥に任し在之」とは、陸奥はすっかり、坂本の右腕である。陸奥と菅野は、二八日に京都に到着した。

坂本は入れ違いで福井に赴き、一一月五日に京都に戻る。そして七日、陸奥に手紙を送り、その追伸に、「世界の咄しも相成可申《あいなりもうすべき》か〔中略〕此頃おもしろき御咄しも、おかしき御咄しも、実に実に山々にて候」と記した。西洋流の方法を取り込みながら海運取引を力強く発展させていく方法を論じた陸奥は、坂本から、ともに未来を語らう相手と目されていた。坂本は一三日にも、差し上げようと言った脇差しはまだ大坂から使いが戻ってこない云々と書いた手紙を陸奥に送っている。これは、現在実物が確認されている坂本の手紙としては、一番後の日付のものである（『龍馬の手紙』）。

一一月一五日、坂本は中岡慎太郎とともに襲われ、落命する。このとき海援隊士で京都にいたのは、陸奥と白峰駿馬のみだったという。二人の急報を受けて海援隊の面々が駆けつけ、葬儀がおこなわれる（「海援隊日記」）。

坂本・中岡の暗殺を実行したのは京都見廻役配下の見廻組だったが、誤った情報がかけめぐり、土佐藩などでは新選組の犯行と断定されていた。そうしたなか、加納宗七《かのうそうしち》（紀州の商家出身で尊王攘夷運動に参加。神戸加納町の由来）から、佐幕派の有力者である紀州の三浦安《やすし》（休太郎）が勤王勢力の一掃を企てていると聞いた陸奥は、三浦が新選組をそそのかして坂本らを暗殺させたと主張し、周囲に復讐をたきつけたという（『維新風雲回顧録』、「坂本と中岡の死」）。海援隊と紀州との間には、いろは丸事件の因縁がある。

陸奥ら海援隊員のほか、陸援隊なども加わって三浦の襲撃が計画され、一二月七日、実行に移される（天満屋《てんまや》事件）。三浦の側は、命を狙われていて危険であるということで新選組が護衛をしており、三浦は負傷したものの無事だった。この事件の際、陸奥もまた奮戦したとされることが多い一方で、坂本の妻のお龍は、もともと隊中で「臆病たれ」とあだ名されていた陸奥は、みな二階に躍り込んで火花を散らして戦っているのにピストルを持ったまま裏の切戸で一人見ていたそうだ、と語っている（「千里駒後日譚」）。どちらかというと、お龍の伝える話の方が陸奥の人物像に合致しているように思われる。

坂本と陸奥

ところで、陸奥は坂本のどのようなところに惹かれたのだろうか。それは一言で言えば、

「自由」である。坂本は慶応三年五月、三吉慎蔵《みよししんぞう》宛書簡において、「国を開らくの道は、戦するものは戦い、修行するものは修行し、商法は商法で名々かえり見ず、やらねば相不成事《あいならざること》故《ゆえ》」と記している。また海援隊の約規にも、「凡《およそ》隊中修業分課、政法、火技、航海、汽機、語学等の如き、其《その》志に随て執之《これをとる》。互に相《あい》勉励、敢《あえ》て或《あるい》は懈《おこた》ること勿《なか》れ」などとある（『龍馬の手紙』）。この、自身が望む場で存分に能力を発揮できる世界、その意味での自由こそが、陸奥が望んだものであった。

江戸時代、下級武士や武士に準ずるような身分の者は、どれほど学んでも、能力があっても、その力を発揮する機会はほとんどめぐってこなかった。武士とはいうものの長年戦などなく、他方で、政治の中枢に関与できる層も限られていた。こうした不満、そして能力の発揮や生きがい、出世、国事への関与を求める衝動が、黒船来航を機に噴出し、明治維新の原動力となる。自らの才覚を頼りに大きく出世を遂げた父が失脚し、拠って立つ家や藩を失った陸奥も、自由と実力主義の世界を強く欲した。

ここまで見てきたところからわかる通り、陸奥は、幕末の政治史を左右したような人物ではない。その片隅に、かろうじて顔をのぞかせている程度である。しかし、その憤懣《ふんまん》であるとか、志望、自由への憧憬は、明治維新をもたらす精神性の、先鋭的かつ典型的な一例であった。

陸奥から見ると、坂本は単に自由奔放で魅力のある人物ではなかった。坂本の死から十数年後、獄中の陸奥は左の坂本の言を記し、「至極の名言」と評している。

「人苟《いやしく》も一個の志望を抱けば、常に之を進捗《しんちょく》するの手段を図り、苟も退屈の弱気を発す可からず、仮令《たと》い未だ其目的を成就するに至らざるも、必ず其之に到達すべき旅中に死すべきなり、故に死生は到底之を度外に置かざる可からず」（「面壁独語」）

ここで説かれているような、「志望」に捧げる献身や情熱というのは、幕末に往々にして見られた熱狂とは異なる。政治とは何か、政治家に求められる資質とは何かを語る際によく参照されるマックス・ヴェーバーは、興奮は真の情熱ではないと指摘する。そして、「政治とは、情熱と判断力の二つを駆使しながら、堅い板に力をこめてじわっじわっと穴をくり貫いていく作業である。〔中略〕自分が世間に対して捧げようとするものに比べて、現実の世の中が——自分の立場からみて——どんなに愚かであり卑俗であっても、断じて挫けない人間。どんな事態に直面しても「それにもかかわらず！」と言い切る自信のある人間。そういう人間だけが政治への「天職」を持つ」と論じている（『職業としての政治』）。陸奥が思い描く坂本像がまさしくそれであったし、陸奥もまた獄中の自分に、「人苟も一個の志望を抱けば、常に之を進捗するの手段を図り、苟も退屈の弱気を発す可からず」と言い聞かせ、そのような人生を歩もうとしたのだった。

第二章　維新官僚——能吏の自負と焦燥

1　新政府出仕

王政復古

慶応三年一二月九日（一八六八年一月三日）、新たな政体を樹立する王政復古が実行に移され、徳川慶喜に辞官納地を求めることも決まる。薩長方と幕府方の対立関係はその後も続き、明けて慶応四年、鳥羽《とば》・伏見《ふしみ》の戦いとなる。

三浦安を襲撃した天満屋事件の後、海援隊は長崎に向かうグループと京都・大坂近郊で幕府方との戦争に従事するグループに分かれるが、そうしたなか、陸奥は海援隊から離れ、京都と大坂を行き来していた（一二月一八日、岡本健三郎宛陸奥書簡）。そして一二月二三日、大坂でイギリスのアーネスト・サトウと面会する。話題は、外国による新政府の承認問題であった。王政復古の大号令が発せられたとはいえ、このときはまだ新政府と幕府の綱引きが続いている。サトウは、将軍からは引き続き国政を担当すると確約を得ているが京都方からは音沙汰がない、もし新政府が国政を指揮するつもりであれば、外交関係を担うことを宣言すると幕府に伝えたうえで外国公使を京都に招くのがよい、と述べた。それに対し陸奥は、私見であると断ったうえで、宮様の一人が大坂城内で外国代表団と会見し、徳川はそこで外交の担当から降り、宮様が帝の布告を宣言する、という手順を示した（*The Diaries of Sir Ernest Mason Satow*）。

陸奥の小伝では、サトウの紹介でイギリス公使のパークスに会い、「王政維新後の外交における処理につき深く談論する所あり」と書かれている。もっとも、サトウの日記にはそうした記述はないのだが、ともかくも新政府承認問題をめぐって他国の外交関係者と意見を交わしていたのは間違いない。陸奥はそれを踏まえて、王政復古の宣言を各国公使に対しておこなうよう勧める意見書を新政府首脳の岩倉具視《ともみ》に提出したらしい（「小伝」）。現物は伝わっていないものの、陸奥がそのような関心を持っていたことはサトウの日記から確認でき、また陸奥は実際に新政府に出仕して外交にたずさわっている。

外国事務——早くも感じる出身地の壁

慶応四（一八六八）年一月一五日、陸奥は新政府の一員として、勅使の東久世通禧《ひがしくぜみちとみ》が兵庫（神戸）で各国公使に王政復古を宣言する場に臨む。ときに陸奥、二五歳。両脇に座っていたのは、伊藤博文（長州）と寺島宗則（薩摩）である（「太政類典」）。薩長出身でともに幕末に滞欧経験のある両者と、陸奥は早速、同じ舞台に立った。

このあたりの経歴について陸奥自身が小伝で、以下のように記している。一月一一日、「外国事務局御用掛」に任じられた。この日同じ職に補されたのは伊藤、井上馨、寺島、五代友厚、中井弘《ひろし》で、「均しく外国交際の事務に当り」、大坂、兵庫、あるいは長崎で勤務した。その後、三月に徴士外国事務局権判事となり横浜在勤を命じられたが、肺炎にかかって床に臥し、医者が危篤《きとく》を告げるほどであったため、赴任することはできなかった。

しかしながら、この陸奥の記述はうのみにできない。新政府の組織変更により外国事務「局」が設置されたのは二月である。それまで陸奥は、たしかに外国事務を扱う掛の一員だったが、伊藤や寺島は同時に、政府中枢を担う藩士層の証である参与でもあった。陸奥は小伝で、伊藤らと同じ日に同じ職に任じられ均しく外国交際の事務に当たったと書いているが、陸奥が彼らと同格ということではなかった（「五代友厚関係文書」、「枢密院高等官転免履歴書」、『太政官沿革志』、「太政類典」）。

二月、外国事務局が設置されたとき、長州の伊藤・井上、薩摩の寺島・五代は、参与・外国事務局判事となったが、陸奥はそうした役職を得ていない。そして三月一七日付の辞令で任じられたのが、外国事務局権判事であった。「権《ごん》」は権大納言などの言葉があるように、副、仮、準じるといった意味である。同日、参与・外国事務局判事として横浜在勤を命じられたのは、新政府に多くの人材を輩出した薩長土肥の一角である、肥前（佐賀）の大隈重信《おおくましげのぶ》だった。

もっとも、陸奥は今名前を挙げた五人に比べれば若く、幕末に大きな働きをしたわけでもない。ヨーロッパに渡航した経験はなく、英語は話せず、西洋に関する知識が特に豊富ということもない。客観的に見れば、相応の地位を与えられていたようにも思われる。新政府で主流を形成する藩の出身者たちと比べると、一歩か半歩遅れる程度である。

しかし陸奥はそのわずかな差が許せず、早くも四月、辞職願兼意見書を提出した。陸奥は、能力のない者が僥倖《ぎょうこう》で重任を担い、あるいは門地によって登用の有無が決まるなどということがあっては新政の一大事であるとする。そして、もとより現在その選任に誤りはないだろうが不才の自分のような例もあるので、と続け、能力不足を理由に辞職したいと記した。もちろん、陸奥は本心では不相応の重任を与えられているなどとは思っておらず、そのように書くことで、能力本位の人材登用がおこなわれていないと訴えたのである。辞職する、あるいは辞職の構えを見せるというのは陸奥がこの後何度もとる政治行動で、これはその初回だった。

この文書は、「辞職を請ふの表」として『中外新聞』（日本最初期の新聞）に載るなどして世に知られた。提出者の名は、「陸奥宗光　俗称陽之助土藩徴士」と紹介されている。陸奥は一月、土佐の者として新政府に採用されていたのである（「小伝」、『伊達宗城在京日記』）。したしかに、陸奥は幕末の最終盤に海援隊に属し、土佐の人々とは終生深い縁があった。しかし、出身は紀州である。例えば後藤象二郎のように、土佐の人材として地位が用意されるわけではない。藩の後ろ楯を持たない陸奥は、自身の才で道を切り開くしかなかった。

甲鉄艦問題と三井との関係

結局陸奥は辞職せずに上方にとどまっていたが、そうしたなか、大量の資金調達で力を発揮する。この年の四月、幕府がアメリカから購入しようとしていた甲鉄艦、ストーンウォール号が横浜に到着した。日本は内戦中であるため、局外中立の立場をとるアメリカは幕府・新政府双方にこれを引き渡さない。一一日に江戸城開城とはなったものの、旧幕府艦隊を率いる榎本武揚《えのもとたけあき》や東北諸藩の動きがまだ収まっておらず、当然、新政府としてはこの強力な艦船を手に入れたい。ただ、局外中立の問題もさることながら、幕府が支払っていない分の代金をいかに調達するかというのも難題であった。

そこで閏《うるう》四月、陸奥がその任に当たることになった。外国事務局判事の小松帯刀が、至急の御用であると言って陸奥を大坂から京都に呼び出し、資金調達を依頼したのである（閏四月九日、一三日、陸奥宛小松書簡）。前述の通り、陸奥は幕末の一時期、小松の世話になっていたことがある。

閏四月一四日、陸奥は大坂で鴻池《こうのいけ》（山中）善右衛門、広岡久右衛門《きゆうえもん》（加島屋）、広岡（長田）作兵衛、殿村平右衛門《とのむらへいえもん》ら主だった商人を集め、新政府副総裁の三条実美以下が人心慰撫のために東行するのに際して経費がかかるとして、資金提供を求めた。そして、実際には予定していた一〇万両すべてが納められたわけではないようだが（『会計官日誌』）、ともかくも陸奥は多額の資金獲得に成功した。一七日、三条は岩倉具視への書簡で、陸奥の「格別努力周旋」で金策ができたとして、「実に五、六日の際に十万の調達、中々尋常の事にては決て六ケ敷候《むつかしくそうろう》。全《すべて》同人の骨折《ほねおり》に候」と称賛している（『岩倉具視関係史料』）。ここで資金供出に応じた一五の商人はそれ以前にも新政府からの同様の依頼を受け入れていたという関係があったものの、陸奥の弁舌であるとか、海援隊時代の活動や父宗広に由来する人脈も、有効に作用しただろう。

なお、この甲鉄艦関連の資金調達の話は陸奥の自筆小伝にも記されており、従来の多くの伝記も取り上げている。ただ実は、陸奥がここで資金調達を担ったのには、もう少し広い背景があったように思われる。それが、三井との関係である。

三井は、よく知られるように早くから新政府に対して強力に資金援助をおこなっていた。そして前述の通り、陸奥は三井と縁が深い。この前後、陸奥は政府・外国事務局の窓口となって度々三井側と接触し、金銭を受領するなどしている。もちろん、陸奥を呼び出した小松は、その関係性をわかっている。大坂商人に拠出を求めた資金についても、まず三井に納められ、三井を経て陸奥が受領した（「五代友厚関係文書」、「三井家記録文書」）。後年の陸奥の政治的経歴において三井との関係が消え去るのが不思議なほど、幕末から明治初期にかけて、陸奥は三井とつながりがあった。

大阪での行政経験

陸奥は甲鉄艦問題を扱っている間、会計事務局兼勤となっていた（会計事務局は会計官を経て翌年、大蔵省）。そして五月には会計官専任となるが、すぐに大阪府権判事を兼ねるかたちになり、六月二日、会計官の方は免ぜられた。

これについて陸奥は、太政官札《だじょうかんさつ》の発行をめぐって三岡八郎《みつおかはちろう》（由利公正《ゆりきみまさ》。越前。坂本龍馬からは日本の財政を担うべき人物と目されていた）と所見を異にし、激論すること数回に及んだ結果であり、そこで大阪府知事の後藤象二郎が周旋して大阪府勤務となったと記している（「小伝」）。なお、陸奥に発せられた辞令には大「坂」府権判事と書かれているが、史料上の表記が混在しているため、これ以降は大「阪」で統一する。

七月、大阪の市街地以外の地域を治める司農局が南北に分けられ、陸奥は摂津八郡を管轄する北司農局の長官となった。そして明けて明治二（一八六九）年一月、北司農局は摂津県となり、陸奥は摂津県知事に就任する（『新修　大阪市史』）。摂津県は五月に豊崎県と改称され、陸奥は豊崎県知事を経て兵庫県知事を務めた。

従来の陸奥の伝記ではあまり触れられていないが、大阪在勤時代の陸奥は、実に事細かに行政実務にたずさわっている。例えば、治水である。

慶応四（一八六八）年五月、長引く雨の末に淀川や大和川沿いで堤防が決壊し、洪水の被害があった。七月、陸奥は被害を受けた地域を視察し、堰《せき》の普請が進められる。ところが、同じ月に再びの暴風雨が襲い、堰は壊れてしまう。その再建にかかる人手が足りないということで、二二日、陸奥は南司農局長の税所篤《さいしょあつし》に助勢の人足を依頼している。また、新政府に余力がなく府県に被災対応が委ねられるなか、陸奥は、管内の被害を受けた地域に対して自助努力を促す告諭文を発することとした。二七日の税所への通知で、これは自分の考えであって南司農局での対応はお任せすると書いており、陸奥自身の意見が反映された措置だったようである。治水問題への対応はその後も続く（「大阪府史料」）。

明治二年、摂津県知事となった陸奥は二月二五日付で建白書を提出し、府藩県三治ということで堤防普請などを各管轄限りでおこなうのでは大害を引き起こしかねないとして、四府県（京都・大阪・摂津・河内）での分担を訴えた。そして、緊急性の高い浚渫《しゅんせつ》工事は費用負担を適宜割り振り、速やかに進めるよう求めた（「議定官日記」）。中央政府のもと、一律に国家を統治すべきという発想である。

地租改正のアイデア

右で触れた慶応四（一八六八）年の洪水に伴って年貢減免などの措置がとられ、その具体的な方法について八月、陸奥は南司農局と兵庫県に提議をおこなう。それは同時に、より一般的に租税徴収をどのようにおこなうかという話でもあった。

前年までは徳川体制だったのであり、新政府が成立して迎える初めての収穫の秋である。陸奥自身も、前年は海援隊の一隊員だったことを考えると、ずいぶん急激な立場の変化であった。陸奥、いまだ二五歳である。

八月以降も、陸奥は南司農局や兵庫県との間で租税に関する協議を重ねる。旧幕府時代の租税の不備や不公平を是正し、かつ各地域の対応をそろえようとした。そこに一一月、会計官から、独断で物事を進めないよう注意が来る。税法については八月、一両年は旧慣に基づき、必要な対応があれば会計官にうかがいを立てたうえでおこなうよう達しが出ていた。

このとき問題とされたのは石代《こくだい》（米納年貢に代わる貨幣納）の値段設定方法の変更だが、陸奥は、角が立つような改革はしない（「廉立候《かどたちそうろう》改革等は一切不致《いっさいいたさず》」）、などと言い抜けた。そして同時に、旧摂津国の一部を管下に収める兵庫県側には、内諾の通り北司農局と同様の対応をとるよう求めた（「大阪府史料」）。

この時点で、旧幕府領などは府や県となり、新政府の者が行政官として置かれている。他方で、依然として、薩摩や長州といった旧来の藩は各地を統治している。中央政府の権力や制度が日本全国に行き渡っているわけではなかった。

そこで陸奥は、明治二（一八六九）年二月二五日の建白書において、府藩県同治のため至急改正すべき点として、租税（税法）を全国一律にすることの必要性を強調した。全国一定の尺法で検地をおこない、土地の等級を定め、税は田畑を問わず金納とする（それがすぐに実行できないならば田税は米納、畑税は金納としてその他の方法はなくす）、といったもので、後年の地租改正につながる発想である。府藩県の領域が入り組んでいることも問題視し、飛び地となっている藩領の整理や最寄府県への民政委託を主張している（「議定官日記」）。

この租税問題と前述の治水に関する意見書が同日付で提出されているというのは、意外に知られていない。治水・租税双方に関して見られるように、陸奥は、行政の実際上の課題に取り組んでいくなかで、画一的な制度設計、つまり近代国家建設への志向を急速に確立していった。

伊藤博文との交流

このとき、陸奥には同志がいた。兵庫県知事の伊藤博文である。伊藤は陸奥より三歳年長の天保一二（一八四一）年生まれ。幕末、吉田松陰の松下村塾《しょうかそんじゅく》で学び、尊王攘夷運動に加わった。いわゆる長州五傑の一人としてイギリスにも渡っている。明治四（一八七一）年、岩倉使節団に副使として参加し、以降、明治政府の中枢を歩む。大久保利通《としみち》の暗殺、大隈重信の政府外への追放、そしてヨーロッパでの憲法調査を経て政界の第一人者となり、初代を含め、首相（総理大臣）を四度務めた。陸奥の能力を高く買っており、後に、伊藤首相・陸奥外相のコンビで条約改正や日清戦争に当たることになる。

もともと陸奥は幕末から伊藤と面識はあったが、伊藤との交友関係が深くなったのは大阪在勤時代であった。陸奥自身、その頃職務上、あるいは私交上の関係からしばしば伊藤と往来があり、ときに伊藤邸にしばらく滞在して国家将来の計を語り合ったと書いている（「小伝」）。

明治元年一二月頃、伊藤は、領地を奉還するという姫路藩の建白を知り、それを採用するとともに姫路藩主を公卿の列に加え、政治・土地・兵馬の権の奉還を推進するよう訴えた（『岩倉具視関係文書』）。陸奥も目指していた、近代国家形成・中央集権化策である。それを伊藤とともに検討したのが、陸奥と中島信行だった。中島はいろは丸事件のところで触れたように元海援隊員で、このとき、兵庫県勤務である。

伊藤はさらに明治二年一月、兵権の返還や政治の統一、開国主義を説いた「国是綱目《こくぜこうもく》」を提出している。中島とともに京都にいた陸奥は、今が改革の機会であるとして、ここで忠心を尽くさないでいつを期すのか、と伊藤に上京を促していた（一月一一日、伊藤宛陸奥書簡）。

明治初年の伊藤（左から木戸孝允、山口尚芳、岩倉具視、伊藤、大久保利通）

この意見書をつくる際に協議したのは、伊藤、陸奥、中島、そして兵庫県出仕の田中光顕《みつあき》、外国官一等訳官の何礼之であった。田中は土佐出身で元陸援隊員。陸奥が長崎時代に何の塾に通っていたのは、前述の通りである。意見書の内容はもちろん陸奥の持論と合致しているが、それに加えて、出身藩にとらわれず意見を交わしていくというところに、陸奥としては希望を見出していたものと思われる。三月、伊藤が改革派として批判を受けて貶斥《へんせき》されるとのうわさを聞き、伊藤を擁護する論を展開した（『伊藤博文伝』）、というのもうなずける。もっとも、実際には伊藤が失脚することはなく、知事を辞めた後、七月に大蔵少輔《しょうゆう》（卿、大輔に次ぐ地位。大蔵大輔は大隈重信）に任じられる。

岩倉具視への意見書――朝臣の創出

少しさかのぼって慶応四（一八六八）年八月、陸奥は岩倉具視に意見書を提出している（『岩倉具視関係史料』）。公平な人材登用、能力ある者の抜擢といった、先に見た四月の辞職願と同様の論点を展開するとともに、国家の仕組みを改めるよう主張した。陸奥は、新政府が各藩などから採用した徴士について、力を十分に発揮していないとして、その原因と対策を次のように論じた。

「諸藩世録の士なる者多分有之《これあり》、当時其身朝廷の職任を奉じ、其家猶藩籍を免れず、是《これ》を以《もって》、其弊往々旧主の下風を仰ぎ、十分の才力を出す能わざる如し。俯望《ふしてのぞむ》らくは、此の故習を一洗し、各々邸第を京地に賜い、其藩録を辞せしめ、其戸口を移し、愈以《いよいよもって》其名分を一定し、心身共に朝廷の用に供せしむ可き也」

朝廷に仕える者は出身藩から切り離し、心身ともに朝廷のために働かせるべし、という陸奥の議論は、政策論として見れば、中央集権国家・近代国家の建設や、国家に仕える官僚の創出を訴えたものであり、いかにも急進改革派らしい。伊藤なども、同様の意見を持っていた。

ただ陸奥の場合それは、どうすれば自分が力を発揮できる環境が生じるか、という話でもあった。つまり、藩との結びつきがものを言う世界は、藩の後ろ楯がない陸奥には不利である。そこで、国政にたずさわる者はみな朝廷の臣というかたちをつくり出そうとしたのだった。

陸奥と和歌山藩

結局、陸奥が満足するような新政府のあり方はすぐにはできなかった。そして陸奥は新政府を離れ、和歌山藩政に関与する（明治二〔一八六九〕年、藩が土地と人民を朝廷に返還する版籍奉還が実施され、紀州は和歌山藩となった）。このあたりの事情について、中島信行が陸奥の死去時にまとまった話を述べている。

「明治元年の冬、播州姫路藩から土地人民を朝廷へ差上げんとの建白の出た時に、陸奥と余と伊藤と、三人が藩籍《ママ》奉還の議論を東京の太政官へ担ぎ出した。勿論伊藤が主となった訳だが、陸奥も殊《こと》に其の熱心の主張であって、已《すで》に本藩の六十万石は何時でも差上げると云う準備を津田出《いずる》氏とチャンとしてあった。然るに当時は岩公〔＝岩倉具視〕なども尚早しと考えられて纔《わず》かに藩主を藩知事とする改革位に止った。其時陸奥は頗《すこぶ》る慷《こう》慨《がい》して、到底郡県になることは六《むつ》かしい。今一度封建割拠の世になるなら兵力を養うが第一であると、津田と深く謀り官を罷めて〔中略〕純然たる徴兵令を紀州領内に断行し、現に二万余の兵隊を作った。是が実に日本の徴兵令の先鞭者で、陸軍省は却て紀州を模範にしたと云う位である」（『東京朝日新聞』明治三〇年八月三〇日）

中島の言によれば、伊藤・中島と版籍奉還の議論をしていた頃、陸奥はすでに紀州領を奉還する準備を津田出としていた。これは、津田も同様の談話を残している。陸奥が京都の津田のもとを訪ねてきて、今後の国の組み立てをどのようにしたらよいかと意見を求めたので、封建武断政治を廃して郡県制度を導入すればよいと答えたという（『壺碑』）。津田は、幕末の紀州で財政や兵制、行政機構、教育、産業など多岐にわたる改革策を提起していた人物である。

紀州は御三家の一つで、かつ実際に幕末に佐幕的行動もとっており、新政府との関係は良好ではなかった。藩主の徳川茂承《もちつぐ》は慶応四年（明治元年）二月から京都にとどめ置かれ、八月には軍資金一五万両の献納を求められている。

五月には、和歌山城に賊徒が入り込み藩士のなかでこれに与して陰謀を企てる者がいるとの風聞があるとして、和歌山に監察使が派遣された（「太政類典」、『南紀徳川史』）。『和歌山県誌』は、和歌山古老会筆記記載の陸奥の自話として、藩の知行のうち一八万石を召し上げるという話が朝廷内で出たとき、天下を二分する覚悟があるならば全領を召し上げ、そうでなければそのままにしておくべきだと陸奥が主張したとする。岩倉具視がその意見を認め、視察の者を和歌山に派遣したとのことなので、この五月の話だろう。

一方津田は、もう少し後の時期のこととして、一八万石を朝廷に献上して紀州にかけられた嫌疑を解き、茂承を帰国させたいと紀州側が岩倉に申し出、それに関して後藤象二郎や陸奥が相談を受けたように聞いたと語っている。二つの話は多少食い違っている部分があるものの、いずれにせよ紀州にとって陸奥は、新政府中枢へとつながる貴重な存在だった。その後陸奥の斡旋もあり、一二月、ようやく茂承に帰国の命が下る（『壺碑』）。

陸奥と津田との関係性は、史料から今一つ明確な像が浮かび上がってこないのだが、親交は終生続いた。後で触れるように、陸奥が政府転覆計画に加担して拘引されるとき、後事を託す手紙を書いた相手が津田である。陸奥が獄中にいる間、家族は津田方に身を寄せる。また陸奥の死亡時、「親戚」四人の名で葬儀関連の新聞広告が出ており、その筆頭が津田であった（他の三人は、妹初穂〔明治一〇年没〕の夫だった中島信行、次男の潤吉《じゅんきち》が養子に入った古河市兵衛《ふるかわいちべえ》、いとこの岡崎邦輔《くにすけ》）。後年の新聞記事には、「余は伊藤でも、井上でも、決して彼等は畏《おそ》れぬが、世に津田出翁程畏ろしい者はない。翁の許に行けば、自然と頭は下る」という陸奥の言が記されている（『東京朝日新聞』明治三三年四月九日）。

なお、明治元年、陸奥は最初の妻・蓮子《れんこ》と結婚したとされている。もとは大阪の芸妓で、三井の番頭・吹田四郎兵衛《すいたしろべえ》の養女として嫁いだ。ただ、伊達・陸奥一族の書簡集のなかに、「蓮事《れんこと》、年頼無滞相勤《ねんらいとどこおりなくあいつとめ》、殊に嫡子も出生の儀に付、以来奥と相称可申事《あいしょうしもうすべきこと》」という正月六日付の書き付けがあり（「陸奥宗光及同一族自筆書簡」）、当初は正妻としての地位は定まっていなかったのかもしれない。ちなみにこの時代、女性の名前に「子」がつくのとつかないのと、どちらで表記するのが正しいのかはしばしばよくわからず、途中で変わることもある。本書では、どちらもあり得る人物については「子」をつけて、例えば「蓮子」と書く。明治二年三月に長男の広吉《ひろきち》、三年一〇月には次男の潤吉が生まれている。

2　明治国家形成と陸奥

官職を辞す

明治二（一八六九）年八月、陸奥は政府の職を免じられる。陸奥自身の説明では、大隈重信・伊藤博文の開進派と、保守派との対立があり、各県の知事はその党派如何によって免職となった者が多く、陸奥もその一環だったという（「小伝」）。もっとも、陸奥は免職が通知される前に辞表を書いている。伊藤は、大蔵省の方で迎え入れるから短気を起こさないように、と懇々と説いたが（七月二七日、陸奥宛伊藤書簡）、すでに陸奥は官職を離れる決心を固めていた。

八月以降、陸奥は基本的に大阪におり、東京の伊藤には何度か書状を送っている。伊藤の娘が夭逝《ようせい》した際は立ち会い、伊藤にその死を報じた。大阪在勤の井上馨からはしばしば伊藤や中央政界の様子について聞いている。

その頃、陸奥は東京に出てくるよう命じられており、病気を理由に出府を引き延ばしていた（一一月一三日、伊藤宛陸奥書簡）。実際、本当に肺病は悪化していたのだが、明治政府内での展望が開けない陸奥が病気をサボタージュの口実に使っていた面もあった。

また陸奥は、態様ははっきりしないものの、翌年にかけて和歌山藩政に関与していた。前述の通り、それ以前から紀州とのやりとりはあったし、一〇月、和歌山藩知事（知藩事）となっていた徳川茂承からは、気づいた点があれば折々帰郷のうえ腹蔵なく述べてほしい、他所に出張させている者たちは慣れないこともあるだろうから遠慮なく指図をお願いしたい、と懇切な依頼を受けている。

そうしたなかで陸奥との関係が生じた重要な人物として、星亨《とおる》がいる。星は陸奥より六歳年少でこのとき数え二〇歳。江戸に生まれ、浦賀、横浜で育ち、苦学した。江戸に出て何礼之塾出身の前島密と出会い、その紹介で何礼之の世話になる。明治二年には何を頼って大阪に来ており、何と陸奥を介して和歌山藩の職を得、藩の者たちに大阪で英語を教えた。明治四年に星が横浜に出る際には、星の両親の世話を陸奥が引き受け、和歌山に住まわせた（『金蘭簿物語』、『壺碑』、『星亨とその時代』）。星は後に自由党内で力を伸ばし、陸奥の対議会・政党関係に深く関わってくる。

和歌山藩の軍制改革

さて、和歌山では藩政改革が着々と進んでいった。その立案をしたのは、前述の通り、津田出である。改革内容でとりわけ注目を集めたのが、前節の中島の談話にもある、徴兵制の導入を中心とする軍制改革だった。明治三年に和歌山で導入された制度は、身分を問わず、二〇歳の男子が徴兵検査を受けて兵役につくというもので、まさに数年後に全国で施行される徴兵令の先駆けであった。日本駐在の各国公使や他藩の者など、多くの視察者が和歌山にやって来る。

この軍制改革への注目は、陸奥が長州の指導的存在である木戸孝允と接近する契機にもなる。長州人では、山田顕義《あきよし》や鳥尾小弥太《とりおこやた》が和歌山を訪れた。兵部大丞として国レベルでの近代軍創設を目指す山田は、和歌山の改革や津田を高く評価していた（七月一九日、一〇月六日、木戸宛山田書簡）。鳥尾は一時陸奥のもとに身を寄せるなど親交を深め、和歌山藩に雇われて軍制改革にたずさわった。

山田や鳥尾から報告を受けていた木戸も、和歌山の改革に関心を持っていた。大阪を訪れた明治二年一二月と明治三年五月はいずれも陸奥と面会している。同年、陸奥が洋行する前には東京で度々会っており、八月七日には陸奥・鳥尾と、紀州の改革の内実や津田の進退について語り合った（『木戸孝允日記』）。陸奥はこの後、明治一〇年に木戸が亡くなるまで繰返し、木戸とのつながりを利用して政府の改革や自身の台頭を図ることになる。

和歌山藩の軍制改革は、津田のアイデアのみで成功に導かれたわけではない。プロイセン流の軍隊をつくっていくに当たり大きく貢献したのが、和歌山藩に雇われた元ドイツ（シャウムブルク・リッペ侯国）軍人のカール・ケッペンである。ケッペンは明治二年一一月に和歌山に到着し、軍隊の調練や弾薬工場の設立に当たった。同時に、身分制度を排した徴兵制を採用するよう進言していたという。

ちなみに、西洋式の製革・製靴の技術が日本に導入されたのも、この和歌山の軍制改革がきっかけであった。西洋式の軍隊には革靴が必要であるが、日本ではそれをつくる技術がなかった。そこで、ケッペンの求めでドイツから職人が呼び寄せられたのである。

徴兵は、順調に進んだ。しかし規模が拡大してくると、軍事教育のすべてをケッペン一人で監督することはできない。ケッペンは、新たにドイツの軍人や軍事技術の専門家を招聘することを望んでいた。

欧米渡航

その任務を帯びてヨーロッパに向かうことになったのが陸奥であった。政府から出京を命じられていた陸奥はいったん明治三年三月に刑部省小判事の職を受け、すぐに依願免職となる。土佐藩の者として海援隊時代から陸奥を知っている佐々木高行（参議。二月まで刑部大輔）は日記で、陸奥が職を受けると言うから任じたのにすぐに辞職とは「大不都合」、「随分勝手」、と強く批判している。

ヨーロッパ滞在中の陸奥

　九月、陸奥は日本を発する。このとき、中島信行や吹田四郎兵衛の甥の吹田勘十郎、長州の静間《しずま》健介（孝助）が同じ船に乗っていた。静間について木戸孝允は日記に、「紀の陸奥陽之助に従行せり」と書いている。

吹田勘十郎の記録によると、一行は横浜から香港やシンガポール、セイロン（スリランカ）、スエズ、アレクサンドリアなどを経て閏一〇月八日、ナポリに到着した（「三井銀行史話」）。ヨーロッパは、普仏戦争でパリが包囲されているさなかである。

　閏一〇月下旬にベルリンに着いた静間は、陸奥も無事に過ごしており近日イギリスに渡ってその後帰途につくので、帰国後はヨーロッパの近情などについてお話しするはず、と木戸に書いている（一一月一五日、木戸宛静間書簡）。陸奥はそれからシャウムブルク・リッペ侯国の首都・ビュッケブルクを訪れ、士官らと契約を交わし、イギリスに渡る。当時イギリスにいた土佐の林有造《ゆうぞう》は、陸奥と語り合い、薩藩跋扈《ばっこ》を打破しなくてはならないという点で意見が合致したと述べている（『林有造自歴談』）。林は後に、西南戦争時に挙兵計画を主導する人物である。

陸奥はしばらくしてヨーロッパを離れ、アメリカに向かい、そこで大蔵省の用務で来ていた伊藤博文一行と出会う。帰国も伊藤らと一緒である。明治四年五月八日、横浜に到着した。

帰国した陸奥について、五月二〇日、和歌山藩庁出仕を命ずるよう和歌山藩知事の徳川茂承が政府に求めている。陸奥は、政府（太政官）から和歌山藩庁出仕を命ずる辞令を受けて、正式に和歌山藩で働くことになった（「公文録」）。そして、権大参事・戍営都督心得となる。陸奥の言葉を借りれば、和歌山藩の軍務を総轄する役職であった（「小伝」）。

神奈川県知事

最先端の軍事体制となりつつある和歌山藩の軍事部門を司ろうというところで、陸奥は、再び不運にみまわれる。明治四年七月、廃藩置県が実行されてしまったのである。

そもそも、陸奥は強力な中央集権国家をつくるよう慶応四年（明治元年）の段階で主張していた。そして、それがすぐには実現しそうにないと見て、和歌山藩の改革の方に軸足を移したのである。ところが、陸奥が政府の職を辞して二年ほど経ったところで、もともと陸奥が目指した方向性である廃藩置県が実行され、和歌山藩を含め諸藩の軍隊は解散となった。

せっかくつくり上げた軍隊が解散させられるということで、若くして砲兵の長を務めていた岡本柳之助《りゅうのすけ》などが強く反発し、陸奥はそれをなんとか説得したという（「小伝」、『風雲回顧録』）。

とはいえ陸奥はここで、坂本龍馬が暗殺されたときと同様、素早い切り替えを見せる。廃藩置県の翌月、神奈川県知事に就任した。その後一一月に名称の変更があり、神奈川県令となる。

神奈川で陸奥を支えたのが、大江卓である。大江は、土佐宿毛《すくも》出身の元陸援隊員。明治初年、大阪の紀州屋敷に陸奥と鳥尾小弥太とともにいたことがあるという（『大江天也伝』）。後に西南戦争時の挙兵計画に関わる林有造や竹内綱《つな》（吉田茂の父）と同郷で、この縁が、陸奥を獄中へといざなうことになる。

陸奥の神奈川在任中の代表的な事蹟としては、警察制度の創設がある。横浜居留地のある神奈川県では、警察業務に関して、陸奥の前任者のときから二つの密接に関わり合う課題が生じていた。一つは、従来の県兵を廃止し、一般警察に相当するものに統合すること。もう一つは、警察の指揮権と費用負担をめぐる、各国領事団との交渉である。領事団との関係では一一月、県知事が警察を一手に指揮し費用負担は在留外国人にも求めるという文書を領事団側に通知し、やがてこれが認められる。陸奥は、「当港の安全を計り内外人民を保護するは我政府の職掌にして、其事を執るは則知県事の権理也」と断じ、明確に陸奥の考えを支持しない外務省に繰り返し申し入れをおこなっている（『神奈川県史』、『横浜市史』）。

警察制度の再編に関しては、陸奥は制度の改革につき大蔵省に上申し、警察の新しい職制・職名が定められた。イギリスの制度を模倣したもので、神奈川県の例に準じて、東京など他府県でも新警察制度が整えられていく。警察業務に当たる者の名称は「邏卒《らそつ》」となり、その長は「邏卒総長」で七等官である。陸奥の上申によると、総長は相当の威権がなくては邏卒を指揮しがたい、ということで奏任官（七等以上）にすることを望んだのだった（『横浜市史』）。地位に対する陸奥の敏感さが表れている話である。前述の岡本柳之助は、あるとき陸奥との間で、「どうか、君一つ邏卒総長になって神奈川県へ行ってくれぬか、七等出仕で」、「いや俺は御免蒙ろう、文官は厭だ」、「君そういうが七等は奏任官だぜ」という会話を交わしたと語っている（『風雲回顧録』）。

マリア・ルス号事件と芸娼妓解放問題

翌年、大きな問題となったのが、マリア・ルス号事件である。明治五年六月、横浜に入港したペルー船、マリア・ルス号から清国人苦力《クーリー》が脱走し、イギリスの軍艦に助けを求めた。一度は神奈川県を通じてマリア・ルス号に返されたものの、その後同船内の清国人に対する過酷な待遇が明らかになるなどして、六月末、イギリス側は日本政府に対応を要請する。アメリカも、イギリスに賛同する姿勢を示していた。外務卿の副島種臣《そえじまたねおみ》の指示を受けて神奈川県参事の大江卓はマリア・ルス号の審問をおこない、さらに日本側は同船を拘留する。結局、二度の裁判の末に清国人は解放され、しばらく後、この問題をめぐって国際仲裁裁判が開かれたが、日本側に賠償請求をおこなったペルーの訴えは認められなかった。

マリア・ルス号事件に関して、副島や大江の積極性が強調される一方で、陸奥は司法卿の江藤新平《しんぺい》とともにその問題に介入することに反対していた、というのが通説となっている。日本としてはそうしたことに関わっている余裕はない、他にすべきことがある、といった理屈であり、いかにも陸奥らしい冷徹なリアリズム、とされる。ただこれまで、このときの陸奥の考えについて、確かな史料に基づいて論じられていないようである。

陸奥は、すぐ後で見るように明治四年中から租税制度の改革に関する意見書を起草し、明治五年六月に租税頭兼勤となっている。参議の大隈重信には、すでに、神奈川のことは大江か石田英吉《えいきち》（元海援隊員。県七等出仕）に任せて自分は大蔵省の仕事に専念したいと希望を伝えていた。収穫の秋になる前に、新税制をつくり上げてしまいたいのである（五月一日、一三日、大隈宛陸奥書簡）。

そこに、マリア・ルス号の問題が発生する。陸奥は、それに関わるよりも、地租改正の方に注力したかった。そこで、「老兄〔＝大江〕を権令、山東を七等出仕の拝命は、明後十二日参るべし。〔中略〕ペリー〔＝ペルー〕の一件、小生は固辞せり。山東拝命に成候《なりそうろう》上《うえ》は、常務は同人に御委託、ペリーは老兄十分御引受可被成候《おひきうけならるべくそうろう》」と大江に対応を任せ、県令を辞したのである（七月一〇日、大江宛陸奥書簡）。「山東」は紀州出身の山東直砥《さんとうなおと》。この後も陸奥との交わりは続く。五月時点で後を託す人物として名前が挙がっていた石田はこのとき、香港や上海で警察制度の調査に当たっていた。陸奥は、（地租改正業務のある）自分はマリア・ルス号問題は引き受けない、と言ってそれ以前から望んでいた通り大蔵省に移ったのであって、日本が介入すべきかどうかというのは陸奥の主要な関心事ではなかった。

なおこの事件との関連で陸奥が関わっているのが、芸娼妓解放問題である。その頃日本政府内では、司法省が正院（太政大臣・左右大臣・参議で構成）に対し、人身売買・年季奉公の規制を提起していた。それについて正院から下問を受けた大蔵省は七月三〇日、大蔵大輔の井上馨の名で建議を提出した。遊女・芸妓その他それらに類する渡世の者を束縛から解放し、人権の自由を得させるべし、というもので、具体的な規則や布告の案も示している。そのなかでは、国内の人身売買問題とマリア・ルス号問題との関係性が指摘されていた（「公文録」）。マリア・ルス号における清国人の待遇や契約を追及しながら、日本国内で同様の問題を抱えていては困るのである。

そしてその大蔵省の建議を起草したのが、神奈川県令から大蔵省に転じていた陸奥であった。さらに陸奥は、渋沢栄一《えいいち》を通じて正院の杉浦譲《ゆずる》の売奴禁止論に接し、それを称え、自説も伝えながら、一日も早く規制を実行に移すよう訴えている（『杉浦譲全集』）。一〇月、人身売買・年季奉公を規制する、いわゆる芸娼妓解放令が発せられた。

ちなみに、明治五年二月、陸奥の最初の妻である蓮子が亡くなっている。そして同じ年、陸奥は金田亮子《りょうこ》と結婚した。亮子もまた新橋の芸妓であった。陸奥二九歳、亮子は一七歳である。二人の間には翌年、長女の清子《さやこ》が生まれている。

大蔵省時代――地租改正

神奈川県知事・県令在職中の明治四年、陸奥は地租改正に関する意見書の草稿を参議の大隈に提出した（九月一七日、大隈宛陸奥書簡）。大蔵大輔の井上や同じく大蔵省勤務の渋沢栄一とも意見を交わしている。旧幕臣で後に日本を代表する実業家となる渋沢は、陸奥がアメリカで出会った前述の伊藤一行のなかにおり、陸奥とつき合うようになっていた（『渋沢栄一伝記資料』）。

陸奥は意見書を修正して建議としてまとめ、明治五年四月、正院に提出した（「陸奥宗光関係文書」）。租税を米穀で納めるというのは政府の予算設計上も納入・輸送の観点からも問題であり、田租を一変し、一切の旧法を廃し、田畑の実価にある割合をかけて地租とする、というものである。そして、自分は大阪・兵庫・和歌山でその方法について考え、老農にも諮問して実地を把握しているとして、大蔵省と陸奥が協議して進めるかたちにするよう求めたのだった。陸奥は六月に大蔵省租税頭兼勤を命じられ、七月からは大蔵省専任となる。

前述の通り、陸奥が租税制度の統一という地租改正につながる先駆的提言をおこなったのはより早く、大阪在勤時代のことであった。ただしその時点ではまだ版籍奉還すら実施されておらず、陸奥の考えを実行できる状況にはなかった。

その後、版籍奉還、廃藩置県がおこなわれ、租税制度の改革は現実の政治日程に上ってくる。神田孝平《たかひら》の明治三年の建議が大きな画期となり、地券の発行など地租改正に向けた動きが具体化していく。そうしたなかで陸奥の建議は、土地の生産力という地価決定方法の基準を示した点などが新機軸とされている。また陸奥は大蔵官僚として、実際に地租改正の初期部分を先頭に立って担った。明治六年、地方官会同（大蔵省が地方官を集めて開いた会議）での議決を経て七月、地租改正関係諸法令は公布される。

なお、明治五年一二月をもって旧暦（太陰暦）から太陽暦に切り替わり、明治五年一二月三日が明治六（一八七三）年一月一日となった。したがってそれ以降は、和暦・西暦間の日にちのずれは生じない。

物産の保護

明治五年一〇月、富岡製糸場が操業を開始する。陸奥は翌明治六年一月、渋沢栄一とともに視察に訪れている。

官営模範工場である富岡製糸場がつくられた背景には、日本の主要輸出品である生糸の粗製濫造問題がある。この生糸産業の問題にも、大蔵省時代の陸奥は深く関わっていた。明治五年一一月、租税頭の陸奥から各府県長官に通知を発し、粗悪品取り締まりのため、名前を挙げた各地の有力生糸商人のなかから適任の者を選んで租税寮に知らせることを求めた。選ばれた者たちは東京に集められ、また横浜の生糸売込商らと協議する。明治六年一月、横浜で生糸改《あらため》会社規則が定められ、陸奥はそれをすぐに認可して各地方にも同様の組織結成を求めた。横浜でモデルとなる取り組みを実施して全国へ、ということである。横浜は最大の生糸輸出港であると同時に、陸奥にとっては、半年ほど前まで県知事（県令）をしていたというつながりがあった。

横浜の生糸改会社は、六月から業務を開始する。実質的には生糸売込商の同業組合で、中心は、横浜の代表的な生糸商人である原善三郎《ぜんざぶろう》だった。生糸の品質検査をおこなうということにはなっていたが、政府による産業保護・育成策の一環である。したがってしばらくして、外国、とりわけイギリスから自由な交易を阻害すると外務省に強く抗議が入る。そして大蔵省も折れて、生糸改会社は任意加入であり社内外の自由な商業活動を妨げるものでもないとする布告を発した（『日本外交文書』、『横浜市史』）。

この過程で、神奈川県権令の大江や横浜商人は陸奥に窮状を訴えた。陸奥も、表向きは民間の取り組みのかたちとしているが実質的には政府主導であるため、政府がはしごをはずようでは改会社は立ち行かなくなると考えていた。

陸奥は、横浜商人たちに政府への働きかけを強めるよう促し、大隈にも書状を送る一方で、すでに政府を去っていたものの当初から生糸改会社設立に関与していた渋沢に対応を求めた。一二月一〇日の渋沢宛書簡では、日本第一の物産である生糸の保護・増殖を図らなければ「第一要めの商売がなくなり、全国尽《ことごと》く貧乏人」となってどのような経済・財政上の政策も意味がなくなる、と論じている。粗製濫造の問題は生糸と並ぶ代表的な物産である茶葉についても見られ、陸奥としては、それも生糸改会社に倣って改革をするつもりでいた。生糸でつまずいてしまえば茶葉その他の物産保護などできるはずもなく、そのあたりを西洋流の経済を説く者に少しは理解してもらいたいというのが陸奥の嘆きであった。一一月三〇日の大隈宛書簡でも、生糸・蚕種を十分保護しなくては「経済上大に御国損」が生じる、生糸改規則などが破壊されるようでは「御国第一の産物」の声価が失われる、と訴えていた。

木戸孝允への接近

陸奥は明治六年、租税頭兼任で大蔵省三等出仕（五月）、そして大蔵少輔心得（六月）となった。井上と渋沢が大蔵省を辞めたためである。井上の緊縮財政方針や大蔵省の権限をめぐって、政府内には激しい対立が生じていた。井上らが去ったことで大蔵省は参議の大隈が管轄し、これを陸奥が支えることとなる（大蔵卿の大久保利通は外遊中で不在）。

しかし陸奥自身は、国家財政の危機を強調する井上たちの考えを支持していたらしい。井上らの危惧を否定するような歳入出見込会計表を作成したものの、同時に大隈への書簡に、日本の税法は疎漏簡略であり実際に収支がこの通りうまくいくとみなしては危険であると記している（六月一日、大隈宛陸奥書簡）。そして陸奥は、大隈のもとで働くことに満足せず、むしろ現財政の不備を指摘していく。訴えた先は、以前から親交のあった木戸孝允である。陸奥は明治三年に外遊に出る前も、翌年の帰国後も、度々木戸のもとを訪れていた（『木戸孝允日記』）。

明治四年一一月、岩倉具視以下、大久保、木戸、伊藤らがアメリカに向けて旅立った。岩倉使節団である。一行は約二年かけてアメリカやヨーロッパ各地を回り、明治六年九月に帰国するが、木戸はそれより若干早く、七月に帰国した。

七月二三日に横浜で木戸を出迎えた陸奥は、八月五日、木戸のもとを訪れ、「大蔵省の混雑せし元因、且《かつ》入税の概算等」について語った。二四日にも、大蔵省の状況や財政に関して話し合っている（『木戸孝允日記』）。

九月二日、陸奥は長文の意見書を執筆して木戸に送る。いかにして歳入出の均衡を保つかという財政上の問題を論じ、また大隈批判のような文言も含まれている。

ただおそらく、陸奥の意見の主眼は、「維新以降政府を改正する、常に其体面を改め、其中心を改めず」、「閣下に望む処、其体面を改むるに非ずして、其中心を改むるに在り。其制度を撰《えら》むに非ずして、其人を撰むに在り」、というところにあった。物事の根本や原則に着目するというのは陸奥の思考法の特徴ではあるが、この場合は、自分を売り込むための理屈でもある。要するに、適切な人物に重職を与えなくてはならない、と言いたいのである。新政府に初めに出仕したときから論じている、人材登用の公平性の問題であった。

再びの辞職

陸奥は一一月中旬から病気療養のためと称してしばらく熱海に滞在した末、明けて明治七年一月、再び官職を辞する。このとき、「日本人」と題する意見書を木戸に送っている。「日本人」は、「日本人とは、西は薩摩の絶地より、東は奥蝦夷までの間に生育して、凡そ此帝国政府の下に支配せらるる者皆此称あり。既に此称あれば、各人其尊卑、賢愚、貧富、強弱に拘らず、皆此国に対する義務あり権利あり」と始まる。そして結論部分では、「願くは我が全国日本人、此国に対する義務あり権利あり、其義務を尽し、其権利を達し、独り之を政府即ち薩長等の人に委せず」と論じている。

ここまで見てきたように、陸奥はそれまでも、公平な人材登用や能力主義といったことを何度も訴えていた。ただこれは、さらに一歩進んで、「薩長等」と明示的に有司専制批判を展開した。同時にこの意見書は、国民がみな有する権利義務という観点から論を組み立てることで、自由民権運動に通じる主張ともなっていた。陸奥が政府を去るのと相前後して、前年の征韓論問題で下野した板垣退助《いたがきたいすけ》や後藤象二郎は民撰議院設立建白書を提出している。

幕末、陸奥は商取引の振興策を草して坂本龍馬に認められ、海援隊の商事部門を担おうかというところに至った。坂本暗殺後は、日本の外交方針に関する意見を持って新政府に出仕する。新政府では中央集権国家建設策を訴え、岩倉具視などに意見具申をおこなっていた。しかし岩倉は、後に伊藤が「〔陸奥は〕閣下には余り御好み無之《これなき》人物故《ゆえ》」と書いているように（明治一一年九月二三日、岩倉宛伊藤書簡）、明らかに陸奥とは性が合わず、陸奥が重用されることはなかった。他方、兵庫県知事時代の伊藤とは親交を深め、多々意見が合致したが、伊藤は中央で地位を得た。おそらく陸奥は、長州出身者との立場の違いを再び感じたものと思われる。政府の職を離れて和歌山藩政にたずさわった陸奥は、廃藩置県後、神奈川県知事を経て、大蔵省で年来の持論でもあった地租改正を実行に移した。

以上からもわかる通り常に策を準備し、国家形成期の官僚として有能さを示していた陸奥には、自分はより高い地位や大きい職掌を与えられてしかるべきはずだという不満や焦りがある。そこで今度は、木戸孝允に自説を訴えていこうとした。木戸は、陸奥の能力を買っていたし、陸奥の焦慮にも理解を示していた。明治七年一月、司法省で陸奥を登用できないか、と大久保利通や伊藤に何度か働きかけている（『木戸孝允日記』、『木戸孝允文書』）。

しかし木戸はすでに、明治政府の本流から外れかかっていた。前年中から辞職の考えをもらしていた木戸は、結局この年、下野する。一方大久保は、征韓論政変（明治六年政変）において岩倉とともに西郷隆盛の朝鮮派遣を止め、内務省を新設して初代内務卿となり、明治七年の台湾出兵後の対清交渉を自らまとめ、政権の中核を担った。大久保に従った大隈と伊藤も、大隈が大久保の後任の大蔵卿、伊藤が大久保不在中の内務卿を務めるなど確固たる地位を築く。

展望の開けない陸奥は、しばらく雌伏のときを過ごすこととなる。

3　投獄

陸奥の身の回り

この頃陸奥は、「三汊水碧楼《さんさすいへきろう》」という名で知られる深川清住町《ふかがわきよすみちょう》（現在の江東区清澄）の隅田川沿いの邸宅に住んでいる。明治五（一八七二）年から、同一〇年に京橋《きょうばし》木挽町《こびきちょう》（現在の中央区銀座）に移るまで暮らした。

この家には、書生やそれに類する人が何人も出入りしていた。有名なのは星亨で、明治五年、大蔵省に出仕したはよいものの乱暴狼藉が過ぎて閉門・免職となり、そこで陸奥が星に、生活を改めるため自分の家に移ってくるよう勧めた。星は、自分には食客書生がいるからと断ったが、書生ごと来ればよいではないかというのが陸奥の言であった。一緒に移り住んだ書生の一人である野沢雞一《けいいち》は、「食客付の食客とは世間に余り例のない事だろう」と述べている（『星亨とその時代』）。

陸奥の離職とほぼ同じ頃、岩倉具視が襲撃される（赤坂喰違《くいちがい》の変）。その夜、紀州出身の陸軍軍人である岡本柳之助が陸奥に呼び出され、翌朝深川の家に行ってみると、門は閉ざされ、大勢の書生が邸宅を固めていた。万一に備えてのことで、陸奥邸には伊藤博文と山県有朋も来ていたという（『風雲回顧録』）。前述の、邏卒総長になって神奈川県へ行ってくれないか、といった会話が交わされたのは、このときである。

ちなみに、陸奥というと、何よりも伊藤、そして井上馨、西園寺公望《さいおんじきんもち》といったところと親交が深かったことで知られるが、伊藤・井上とともに長州の実力者となる山県との関係も古い。神奈川県知事時代の明治四年一〇月頃から、当時兵部大輔の山県と交流が生じ、陸奥は、「小生も此頃山県子に時々面会、内外懇情を蒙り一良友を得、窃《ひそか》に相悦び居候《おりそうろう》」と書いている（一一月一〇日、青木周蔵《しゅうぞう》・静間健介宛陸奥書簡）。陸奥が後に初めて大臣となるのも、山県内閣のときである。西園寺は、山県は深く陸奥を信用していたが、保守派である山県の子分たちがひどく陸奥を嫌ったと述べている（『西園寺公望自伝』）。

元老院時代

陸奥が職を辞して一年ほど経った明治八年二月、政府の中心となっていた薩摩の大久保、前年に政府から離れた長州の木戸、そして自由民権運動に影響力を持つ土佐の板垣が大阪で会談した（大阪会議）。前年から伊藤や井上が周旋に動いており、陸奥もそれに関与したらしい（「小伝」、『保古飛呂比』）。板垣の側で活発に動いていた古沢滋《ふるさわしげる》のもとには人事私案が書かれた文書がいくつか残っており、そこでは陸奥は、司法卿や外務大輔に擬されている（「古沢滋関係文書」)。大久保・木戸・板垣は政体改革構想で合意し、木戸と板垣は参議に復帰する。

この協議を踏まえて四月一四日、いわゆる漸次立憲政体樹立の詔が発せられる。元老院(立法)、大審院(司法)、地方官会議を設け、次第に立憲政体を樹立するという方針が示されたものである。四月、後藤象二郎や陸奥ら一三名が元老院議官に任命される。七月には有栖《ありす》川宮熾仁《がわのみやたるひと》親王や佐々木高行ら一〇名がさらに加わった。

体制変革を好まない岩倉や左大臣の島津久光は、元老院議官の人選に大いに不満があった。元老院が後藤・陸奥らの発言の場という性格をもって設置されること自体に対し、反対である。一方、大久保も体制変革を積極的に推進しているわけではなかったが、木戸と板垣を政府内に取り込むためということで受け入れていた。

ところが、改革を推進する側の木戸と板垣の間では、元老院の権限や、参議と各省の卿の分離問題をめぐって、じきに意見対立が表面化してくる。簡単に言えば、板垣が急進論・強硬論であり、木戸は漸進論である。

そうしたなかで九月、まず木戸が辞表を提出する。ただ説得を受けて木戸はいったん辞意を撤回する。そして一〇月、板垣が政府を去った。

陸奥は一一月、同じく議官の河野敏鎌《こうのとがま》とともに、元老院幹事となっている。副議長の後藤が伊藤博文に両者を推薦したとのことであった（『保古飛呂比』）。板垣と行動をともにせず政府内にとどまった後藤や陸奥に対する見返りでもあり、以後の離反を防ぐための措置でもあった。もっとも、後藤は結局、翌明治九年三月には政府を去る。

明治九年中の陸奥は、元老院会議の記録にその足跡を残している。元老院の権限は縮小され、また陸奥自身も後援となるような勢力がない状況ではあったが、会議では大いに弁を振るった。研究や討議が、性に合っていたのである。

例えば四月、改定律例第三一八条改正の意見書を提出する。罪を断ずる際に口供《こうきょう》（自白）によるとなっていたものを、証拠によるとすべし、という意見である。前年来、拷訊《ごうじん》（拷問）を廃止しようという流れができていたのだが、陸奥に言わせれば、「口供は原因なり、拷訊は結果なり」であった。自白に基づいて断罪することを定めた三一八条が本源なので、拷訊を廃止するにはまずこれを改正しなくてはならないというのである。意見書は若干の字句修正とともに一同の同意を得、五月、その意見書通りに改正案として元老院の審議に付され、可決された（『元老院会議筆記』）。

また元老院では、大井憲太郎や島田三郎、中江兆民《ちょうみん》、沼間守一《ぬまもりかず》、古沢滋といった錚々たる人物が書記官を務めていた。いずれも後に、政党人や思想家、言論人として名を成す者たちである。そして洋書の翻訳などをおこなっており、その成果の一つに、島田訳のジェレミー・ベンサム『立法論綱』があった。陸奥はそれに、序文を寄せている。序文は明治一一年五月付なのでその時点ではまだ元老院幹事だったが、刊行されたのは禁獄五年が言い渡された後の九月であった。陸奥はその後、獄中でベンサムの主著を翻訳することになる。

西南戦争と陸奥

明治一〇年二月、西郷隆盛が鹿児島で挙兵し、西南戦争が始まる。明治国家形成期の、最後にして最大の士族反乱である。

元老院議官の間では二月九日、鹿児島の不穏な情勢について議論が交わされている。まだ西郷が挙兵する前ではあったが、陸奥を含め、政府として早期の出兵ないしその準備をする必要があると考える者はその旨を岩倉具視に伝えた（『保古飛呂比』）。

同月、鳥尾小弥太が京阪方面に向かう前には、陸奥は西郷軍について、国家に背いた以上はいかなることがあっても討ってしまわなければならないと述べたという（『風雲回顧録』）。鳥尾は前述の通り明治初年に陸奥と親しく交わり、和歌山藩の軍制改革にもたずさわった。このときは陸軍中将で陸軍省参謀局長である。

陸奥は同時に、板垣や後藤、大江卓などと意見交換をおこなっていた。まだ明確な計画があるわけではないが、土佐系人脈のなかでも、板垣、後藤、大江、林有造、竹内綱、岡本健三郎といった人々が協議を重ねている（『大江天也伝』、『林有造自歴談』、『保古飛呂比』）。

陸奥は、ともかくも現在の情勢を変化させる好機到来、と考えた。二月二二日の木戸宛書簡で、「何卒一日も早く御平定の功を奏し」と早期鎮定を願うようなことを書きつつ、「後来国内の政事においては偏重偏軽の御処分無之様《これなきよう》」と論じている。繰り返し陸奥が訴えている、人材登用の公平性の問題である。そして、この反乱を機に体制を改革すべし、災い転じて国家の福とすべし（「転禍為福」）、と説いたのだった。陸奥は二月九日の木戸宛書簡でも、「転禍為福」と記している。

陸奥は、再び木戸や後藤、板垣を政府中枢に入れる道を探り、募兵も主張した。せっかくかつてつくり上げた和歌山の軍を、この機に有効活用しようとしたのである。四月八日、陸奥は募兵のための御用出張を命じられ、関西方面に向かう。

ところが、四月一八日、京都の大久保利通は伊藤への書状で、「陸奥上京は何事に候や。和歌山県募集の事に付、余計の喙《くちばし》を容《いれ》候てはよほど不都合と被存候《ぞんぜられ》」と記している。大久保は、和歌山の兵の重要性と、その募兵に陸奥を関わらせることの危険性を、十分に認識していた。大阪での陸軍の担当者として募兵を差配していたのが、かつて和歌山の軍制改革にたずさわった鳥尾だったからである。陸奥にとっては因縁浅からぬ三浦安も、内務省で大久保の下僚であった。和歌山の募兵は、陸奥なしでも円滑に進むよう手が打たれ、旧藩主の徳川茂承や三浦が用いられた。

クーデター計画への関与

ここで陸奥は、土佐立志社系の政府転覆計画に関与してしまう。大阪で大江と会い、要人暗殺や挙兵、武器調達の計画を聞き、それを政府に報告しなかった。大江に対して、やるなら早くやれ、くらいのことも言ったようである。そして、東京に戻った大江に元老院の暗号を用いて電報で各種計画の現状を問いただした。

このときの陸奥の行動と心境について、後に陸奥と親しく接する西園寺公望は、「才子で敏感すぎるから、一時失脚したのだね。西南役の折、もしかすると西郷が勝つかも知れんから、幾分その場合に処する用意をして置こうとした」と述べている（『西園寺公望自伝』）。まさにその通りで、陸奥は、大々的に武装反乱を起こそうとしたわけではない。才子で敏感すぎ、不遇感があるなかで、何かあった場合に処する用意をしておこう、機に乗じよう、と考えたのである。

四月一六日、なかなかじっくり話す機会がないので官軍大勝を祝して今晩当たり一献どうだろうか、と陸奥は伊藤に書状を送っている。明治初年の交友関係とは違い、伊藤の手の内、腹の内を探る意図があったように思われる。大久保体制に批判的な陸奥は、大久保側近の伊藤とは立場を異にしていた。

五月二六日、木戸孝允が亡くなる。陸奥と政府中枢とをつなぐ手がかりは失われた。関西滞在中、陸奥は連日のように木戸のもとを訪れ、四月二二日の木戸の日記には、「二月来の事情等、細々と相語れり」と書かれている。鹿児島での騒乱の機をつかまえて政治情勢を好転させようともくろんだものの、結局陸奥は、病身の木戸と時勢を慨嘆することしかできなかったのである。

西南戦争自体も四月、熊本城の開通、城東会戦での勝利と政府軍の優勢が明確になり、最終的には九月に西郷の死で幕を閉じた。陸奥が期待したような政府内の動揺も、全国的な動乱も、起きなかった。

逮捕

木戸が亡くなる少し前の五月一八日、陸奥の父、伊達宗広も亡くなった。かつて住んでいた大阪夕日丘（夕陽丘）に葬られる。夕日が美しく、鎌倉時代の歌人・藤原家隆《ふじわらのいえたか》が終の棲家を構え、家隆を敬愛する宗広が「夕日丘」と名づけた地である。

自らの能力を頼りに御三家紀州の金融・財政を取りしきるまでに出世し、党派対立の一環で失脚し、その後は文化人として生きた宗広は、息子の陸奥に含蓄《がんちく》のある言葉をいくつも贈っている。一例を挙げると、陸奥宛書簡（日付欠）中に、次の一節がある。「才学ありて世に志あり、殊に官職を帯する身は、昼夜思慮の間断なく、しらずしらず意識労困し、身体安泰を得ず。〔中略〕丈夫世にたつ、身を保つをもて第一とす。養体の妙は愛憎の妄思慮を除くにあり」。

宗広は、才学、志への献身、休む間もない思慮といった、陸奥の政治人としての矜持《きょうじ》に理解を示した。実際、かつての宗広もそのような生き方をしていて、共感できる面もあったのだろう。ただ、陸奥はしばしば身体が持たず、病床に臥し、また焦燥感をただよわせることも多く、それを危ぶんだ父は、心身を健全に保つことの重要性を説いたのであった。

八月、立志社の林有造や同社長の片岡健吉《けんきち》が逮捕される。その前に六月、政府要人の暗殺を担当することになっており、陸奥ともやりとりがあった岩神昻《いわかみのぼる》が逮捕されている。

翌明治一一年四月、大江が捕まり、取り調べが進む。そして大久保利通が暗殺された紀尾《きお》井坂《いざか》の変をはさんで六月、ついに陸奥は拘引された。おそらくは自分にも司直の手が伸びてくることを感じながら、元老院の会議には出続けた末のことだった。

逮捕前、最後の会議出席となった六月六日、陸奥はある修正案の文言の不備を指摘した。それは単純な抜け落ち（脱誤）ということで、字句挿入のうえで決がとられる。そこで陸奥は最後に、今日は明らかに脱誤だからよしとするが、誤解、脱字と言って審議中に修正が重ねられてはきりがないとして、それが例外的対応であることの確認を一同に求めた（『元老院会議筆記』）。最後まで、いかにも陸奥らしい厳格さであった。

六月一〇日、陸奥は、警官たちに来意を告げられると津田出に手紙を書いた（『'97秋季特別展　陸奥宗光』）。

「唯今警部両人参り、小生義、御用有之候《これありそうろう》趣《おもむき》にて、警視本署へ罷出候様《まかりいでそうろうよう》被達《たっせられ》候。就ては、御用の都合は如何可有之哉《これあるべきや》、難斗候得共《はかりがたくそうらえども》、万一帰宅延引等相成候節は、小生家事向の義、乍御面倒《ごめんどうながら》一切御世話被成下度《なしくだされたく》、総て御依頼仕《つかまつり》候」

御用これありと警官に言われ、御用というのがどういったことになるかわからないが万一帰りが遅くなるようであれば家のことは万事お頼みする、と記したのである。なんとも劇的な情景だが、これは本当に、陸奥がその場で書いた書状である。

陸奥の供述

六月一〇日以降、取り調べを受けた陸奥は当初、立志社系の計画について、知らぬ存ぜぬで通そうとした（以下、「陸奥宗光口供」）。しかし尋問する側は、陸奥が関与したのは確実と見ている。陸奥・大江間で前年に交わされた電報の意味をめぐって追及はやまず、そうこうしているうちに大江らの供述から外堀が埋まってしまう。

陸奥は途中で、林が高知で兵をまとめるといった景況があることは聞いていた、と若干供述内容を変えつつ、なお多くの点について、事実無根、大江の供述の意味は理解不能、と言い張った。とはいえ八月三日、妻の亮子に送った手紙には、「我等〔＝陸奥〕事、もはや近日に御処分に相成候事と存候。多分二、三年は面会出来まじくと思い候」と書いている。獄に投じられることを覚悟していたのだろう。

八月一二日、供述をひっくり返し、ついに陸奥は関与を認める。大江や林の計画は聞いていたが実現するとは思わなかった、その計画を利用して世間を刺激し、政体改革、立憲政治の進歩につなげようとした、という趣旨の供述である。陸奥は自分の行動を、軽率と言い、愚状と言った。愚状を表に出すまいと思って今日まで隠していた、とそれまでの否認理由を説明している。

前年四月、和歌山募兵が封じられたところで、その憤懣や焦燥感もあって一瞬、頼れるはずがないものに手を伸ばしてしまったというのが、立志社系計画への陸奥の関与であった。陸奥は供述で、翌五月に東京に帰って以来、「大に悔悟し、実に慚愧《ざんき》の余、誰一人へも相話せしことなし」と述べた。誰よりも陸奥自身が判断を誤ったことをよく自覚している、そしてだからこそ他人に語りたくない、痛恨の失策だった。

明治一一年八月二一日、禁獄五年の判決が下る。ときに陸奥、三五歳。九月一日に仮禁獄所を出発し、山形の監獄に送られた。長い獄中生活の始まりである。

第三章　獄中生活とヨーロッパ遊学

1　膨大な読書と『利学正宗』翻訳

山形獄中生活

明治一一（一八七八）年九月中旬、陸奥は山形の監獄に入った。陸奥の山形での暮らしぶりについてはこれまでに多くの事実がわかっていて、例えば、以下の書物類が陸奥の手もとに置かれた（『山形獄中の陸奥宗光』）。

『論語徴集覧』、『徂徠集』、『泰西史鑑』、『鶴林玉露』、『刑法論綱』、『増評八大家文読』、『続唐宋八大家』、『自由之理』、『万法精理』、『民法論綱』、『春台先生文集』、『韻府一隅』、

『弥児経済論』、『聖学問答』、『評論水滸伝』、『古文典刑』、『名臣言行録』、『無刑録』、『仏蘭西法律書』、*The Spirit of Laws*,『ギゾー氏欧州開化史』、『仏蘭西五法』、『エフストル小字典』、『官令雑誌』、『算術書』、『立法論綱』、『山東玉篇』、『董其書』、『万国歴史』、『英国開化史』、*Principles of Legislation*, *An Introduction to the Principles of Morals and Legislation*,『大慧普覚禅師語録』、『禅喜集』、『起信論義記』、『資治性理談』、『旧約全書』、『陸放翁詩集』、『碧巌集』、『椿説弓張月』、『上海繁昌記』、『生理発蒙』

『自由之理』は、ジョン・スチュアート・ミルの『自由論』。『万法精理』は、三権分立論で知られるモンテスキューの『法の精神』を英語版(*The Spirit of Laws*)から何礼之が訳した。このあたりの作品は、現在でも広く知られている。そして、フランソワ・ギゾーの『ヨーロッパ文明史』(『ギゾー氏欧州開化史』)やヘンリー・トマス・バックルの『英国開化史』を含め、明治初期の知識人によく読まれた著作であった。

『刑法論綱』、『民法論綱』、『立法論綱』はベンサムの著作を訳したもの。訳者はいずれも、陸奥の身近な人物であった。『刑法論綱』は林董《はやしただす》、『民法論綱』は何礼之、『立法論綱』は島田三郎訳である。

幕府の留学生として渡英経験のある林董は、陸奥が和歌山藩政に関わっていた時期に知り合った人材の一人で、陸奥の推薦により岩倉使節団にも参加している。後に陸奥の外務大臣時代に外務次官を務めた。陸奥と何、島田との関係はすでに記した通りである。陸奥は、これらの訳書と辞書を頼りに、ベンサムの主著である *An Introduction to the Principles of Morals and Legislation*（『道徳および立法の諸原理序説』）を訳していく。

また、ヨーロッパの思想に関するものだけでなく、歴史書や漢籍、儒学、仏教・禅関連の書物も読んでいる。多くの漢詩をつくり、家族への手紙も書いた。漢詩は後に、仙台の獄中でのものも合わせ、「福堂詩存」としてまとめられている。「福堂」は獄のことで、以降、陸奥の号の一つとなる。

食べ物や身の回りの品も差し入れされ、厳しい労役が課されるわけでもない。ただでさえ病弱な陸奥にとって、山形の冬は快適というには程遠かったが、あまり不自由のない獄中生活であった。山形で宿を経営する後藤又兵衛という人物が、陸奥周辺の人々から依頼を受け、陸奥への差し入れなどをおこなっていた。

東京の家族

明治一二年五月六日、陸奥は妻の亮子への手紙で、「此ごろは時がらも暖気になりたれば、きぶんもよろしく、日々みずから書物をよみ、又は人におしえ、あるいは庭前の草木をなぐさみなどして日をおくり候。たのしみとてはなけれども、くるしきこともなし」と書いている。

亮子に心配をかけまいとしている面もあるかもしれない。ただ、前年一二月に息子の広吉に宛てた手紙には、「当地到着以後も兎角旧病全快に不至《いたらず》、別て頃日来、寒雪の気候に際し、病勢一層相募り難渋」とあるので、実際、暖かくなって体調は好転したのだろう。右に挙げた亮子への手紙は、ひらがなが多く、表現もやわらかい。広吉への手紙と比べると、一目瞭然である。

陸奥が亮子に優しい言葉をかけている様子は、それ以前から多々見受けられる。取り調べ中に送った手紙では、「御互に身体を大切にし、目出度《めでたく》面会の時をまつべきなり」と記し、何かあれば津田出や中島信行に相談するよう説いた(明治一一年八月三日)。亮子たちはじきに、麹町《こうじまち》の津田方に身を寄せる。亮子の兄・金田言《かたる》に東京にいてもらうよう勧めることもあった。このようなときに身近に頼る人がいないと心細いだろう、金田にいてもらうことについて少しも遠慮はいらない、というのである(九月二一日)。病気がちの亮子の体調を案じる言葉がつづられるのは、ほとんど毎回のことであった。

陸奥が投獄されたとき、陸奥より一回り下の亮子は、二三歳である。陸奥としては、離ればなれになった若い妻を想っている、心配している、というのも確かだろう。ただ他方で、

家族（右から亮子、潤吉、清子）

その亮子に子どもたちや母親の政子の面倒を見てもらわなくてはならないということで気を遣っていた面もあった。獄に入って約一年後の手紙では、「家内の事はすべておもうようにもまいるまじく、また御母さまの御きしょうもかねがね承知のとおり故、時々御六ケ敷《むつかしき》こともあるべくとさっしおり候。しかし何事もみなみな時運《ジウン》と相あきらめ、成《なる》たけ御世話申上《もうしあげ》、又小児共の世話もたのみ入り候」と記している（明治一二年七月五日）。

同じ手紙で、陸奥は、次男潤吉の養子縁組を進めるよう促した。以前から、親交のあった実業家・古河市兵衛の養子とすることになっていたのだが、亮子が幼い潤吉を手放すことをためらっていたようである。陸奥は、亮子の潤吉に対する愛情や先妻への義理立てに一応配慮を示し、まずは養子の手続きだけ進めて引き続き亮子の手もとで育てることに変わりはない、と書いて説得した。

しかしそのすぐ後、古河が、潤吉を引き取って育てたいと陸奥に申し出る。定期的に獄中の陸奥のもとを訪ね、差し入れの手配をするなど、大恩ある古河の願いである。陸奥としても断りづらい。そこで、津田の指示を仰ぐよう広吉宛の手紙に記し、それを古河に持たせた。そして亮子には別途、異存がなければ潤吉の古河家入りを進め、もしどうしても反対であれば、自分からは古河に言いようがないので津田に頼んで断ってもらってほしいと伝えた(一〇月二〇日、亮子宛陸奥書簡、一〇月二三日、広吉宛陸奥書簡)。七月の手紙に、「児女の縁談《エンダン》等の義は決《けっし》て我等の一存にて取極め候ものにもこれなく」とあるように、陸奥はこの件に関して、亮子の意向を極力尊重する姿勢を示していた。翌明治一三年、潤吉は古河家に移る。

陸奥はしばしば、書物を読み、和歌を学ぶなど、何か学習をするよう亮子に勧めた。「すべて夫婦の一生は、たとえば二人づれにてとおきみちをゆくごときものなれば、もしその中のひとりあしよわく候ては、とてもおもうだけのたびじおぼつかなく」、つまり、大志を抱く自分の伴侶として教養を身につけてほしいというのである。もっともその後に、忙しくて時間がないことは無論わかっているけれども(「日々の用事いそがしき身分なれば、毎日毎日あんかんと書物のみよみおるべきひまなきは、いわずしてしれたることとなれども」)、と付け加えるところがまた細部に気を遣う陸奥らしい(明治一四年五月一〇日)。

陸奥が山形監獄に入って一年ほど経った明治一二年九月、獄中で放火事件が起こる。これにより受刑者数名が焼死しており、一時、陸奥も新聞上で死亡説が流れた。もちろんそれは虚報だったわけだが、陸奥はそれを機に、宮城の監獄に移ることになる。一一月末、陸奥は山形監獄を出て宮城に向かった。宮城（仙台）監獄では、監獄係の水野重教《しげのり》が陸奥の人となりを認めて厚遇し、獄外の独歩すら許していたらしい（宇野『仙台獄中の陸奥宗光』）。

明治一三年一月、獄中で失火が生じる。このとき陸奥は、同じく立志社系の事件で禁獄五年の刑を受けた三浦介雄とともに消火に尽力した。そしてその功により減刑が検討される。九月、司法省は、刑期を二年短縮する上申を出した。そうした措置自体は、よくあることだった。新聞上では八月、消防に奔走した囚徒はみな罪一等を減じられているらしいのに陸奥にはその沙汰がないのはどういうわけか、などと報じられていた（『東京横浜毎日新聞』八月四日）。

ところが、最終的にそれを止めたのが、明治天皇である。政府首脳の意見が分かれ、判断を求められた天皇は、西南戦争時に反政府計画に加担した罪と消火の功を比較すればその軽重は自ずから明らかだと思うがどうかと尋ね、減刑はなしと決した（『元田永孚文書』、『保古飛呂比』）。もっともな指摘である。

ここで刑期短縮にならなかったことは、陸奥の勉学という点では幸いした。明治一四年五月一〇日、亮子への手紙に、「一昨年来は毎朝八時ごろより夜は十二時迄つとめて書物などをけみし〔＝読み〕、一日もおこたりたることなし」とある。陸奥は仙台に来ても相変わらず、あるいはいっそう、勉学に励んでいた。本当に「一日もおこたりたることなし」ではなかったにせよ、それに近い状態だったのだろう。陸奥はこの頃までに、ベンサムの主著の翻訳をおおかた終えている。そして、もともとは英語を全然読めなかったが最近ではだいぶわかるようになりおもしろく楽しい（「元来横文字はすこしもよみえざりしに、此節はよほどわかり候ように相成、大におもしろくたのしく」）、と記している。学究肌の陸奥の人となりがよく伝わってくる手紙である。

第一章で触れたように、陸奥は幕末に多少は英語を習っている。「すこしもよみえざりしに」というのは誇張がある。ただいずれにしても、投獄以前、英語の著作を読み、日本語に訳すという作業に本格的に取り組んだことはなかった。

それでいて陸奥は、世界的な思想家で功利主義の祖・ベンサムの主著を独力で翻訳した。辞書を使って一つ一つ語句を解釈し、それを繰り返していくうちに文に慣れて読めるようになったという（『利学正宗』）。訳出に当たっては、少年期からの漢学の蓄積も存分に反映されていた。翻訳したものは出獄後、『利学正宗』として刊行される。発行者は、マリア・ルス号問題のところで触れた、山東直砥である。なお陸奥は同じく仙台の獄中で、「面壁独語」

や「福堂独語」といった文章に思索の跡を記している。

明治一五年一月、星亨が陸奥のもとを訪ねた。中島信行の後年の談話によると、星が訪問すると陸奥はまず翻訳原稿を示し、「どうじゃ西周《にしあまね》氏の訳書とは」と尋ね、星は、「君の面前では如何だが、西氏の物に比すれば優ること一層なり」と答えたという（『東京朝日新聞』明治三〇年八月三〇日）。ミルの *Utilitarianism*、すなわち功利主義論を翻訳した西周は、当時を代表する知識人・思想家の一人だが、陸奥としてはそれと対抗するくらいの気持ちを持っていたのである。

出獄

さて、明治一一年に陸奥に下された判決は禁獄五年であるから、まだしばらく、獄から出るまでには時間がかかるはずであった。しかし明治一五年、恩赦に向けた動きが進む。警視総監の樺山資紀《かばやますけのり》が、諸条例を一方で厳重にし、他方で寛大さを示すという「寛猛併行」の趣旨で、陸奥や林有造、大江卓ら数十名に対して速やかに大赦をおこなってほしいと願い出ていた。岩倉具視は六月一二日、憲法調査のためヨーロッパにいる伊藤博文に書簡を送ってその旨を伝え、意見を尋ねた。伊藤はもともと、そのうちまた陸奥に政府で働いてほしいという考えであるから、もちろん恩赦には賛成である。

出獄時（左から２番目。いちばん左は亮子の兄・金田言）

樺山が「寛猛併行」の措置を求めた背景には、政治情勢の変動がある。明治一一年に大久保利通が暗殺された後、明治政府の中心人物としての地位を築いていったのが大隈重信であった。その大隈は、明治一四年の政変で政府外に追放される。同時に、国会開設の詔が発せられ、明治二三年の議会開設が約束された。政府外では自由民権運動が活性化し、明治一四年一〇月に自由党、翌年四月に大隈を総理とする立憲改進党ができた。集会条例などで自由民権運動に対する「猛」の姿勢をとりながら、恩赦というかたちで「寛」の方も示したい、ということであった。陸奥などはいずれにしても明治一六年に満期になるという事情も考慮されていた。明治一五年一二月三〇日、陸奥に恩赦の知らせがもたらされる。

明けて明治一六年一月、陸奥は妻亮子の兄・金田言とともに仙台を発ち、東京に向かう。東京に着いたのは、一月一三日であった。宇都宮あたりから出迎えの人が続々とやって来て、千住で百余名がともに昼食をとったという（新聞各紙）。

ときに陸奥、四〇歳。四年数か月ぶりの帰京である。

このとき、前述の通り伊藤はヨーロッパ滞在中である。他に政府内で陸奥が比較的親しい人物としては、外務卿の井上馨がいた。陸奥は早速、一月一八日に井上のもとを訪ねた。このときは会えなかったが、翌一九日に井上は陸奥に書簡を送り、もう一度来るよう求めている。

政府外に目を転じれば、自由党もまた、陸奥の出獄に大いに注目していた。そもそも、陸奥は自由党の源流である土佐立志社系の計画に連座して投獄されたのであった。自由党は、総理は板垣退助で副総理は中島信行、常議員に後藤象二郎や禁獄一年の刑を終えた竹内綱が名を連ね、星亨も明治一五年に入党していた。いずれも、陸奥とは縁のある人物たちである。

もっとも、陸奥自身は初めから自由党に入るつもりはなかっただろうし、陸奥が獄から出てきた時点で、自由党は、板垣が政府から資金提供を受けて洋行するといった問題をめぐって内紛が生じていた。陸奥はなおのこと、注意して自由党と距離をとった。自由党はその後、内紛と各地の激化事件を抑えられず、明治一七年にいったん解党することになる。

2　イギリスでの政治研究

和歌山政界とのつながり

明治一六（一八八三）年四月、陸奥は東京を離れ、大阪、そして和歌山に向かった。これは、陸奥にとって一つの転機となる。和歌山県内の政治勢力との結びつきが生じ、後の衆議院議員当選や議会における陸奥派の形成につながるのである。

また明治期の政治指導者は、東京を離れることによって自分に注意を向けさせるとか、関わりたくない案件や面会を避けるといった技をよく使った。それは、いかにも政治的な駆け引き然としているよりは、何か自然な口実がある方が望ましい。陸奥の場合、大阪夕日丘に父宗広の墓があり、和歌山は故郷である。大阪や和歌山での陸奥の動静は、大阪の新聞で報じられ、大阪の情報は、東京でも伝えられる。陸奥は、よい逃避先を見つけたのだった。

陸奥と提携し、和歌山陸奥派の中心的人物となっていくのが、児玉仲児《こだまちゅうじ》である。村役人の家に生まれた児玉は、慶應義塾で学び、明治九年、地租改正をめぐる抵抗運動（粉河騒動）のきっかけをつくる。そのとき、上京し、山東直砥の紹介で元老院幹事の陸奥のもとを訪ねている。児玉はその後、和歌山の自由民権運動における有力者となる（『粉河町史』）。

児玉は獄から出てきた陸奥のもとを早速二月に訪れ、面会を重ねた。自由党がそうであったように、和歌山でも、陸奥の今後の政治活動への期待が、あるいは少なくとも注目が、高まっていた。四月二〇日、大阪に着いた陸奥は、二二日に在阪の和歌山人の懇親会に出席する。そして和歌山に入り、熱烈な歓迎を受ける。二六日、参会者四〇〇名ともいう大懇親会が県会議堂で開かれた（「児玉仲児日記」、亮子宛陸奥書簡、『大阪朝日新聞』）。

外遊へ

五月に陸奥が東京に戻ってきてからしばらくして、八月、伊藤が帰国する。そして伊藤と面会した陸奥は、外遊に赴くことを決める。

なおこの年、陸奥は東京の根岸金杉村に自宅を構えた（現在の台東区根岸。この家の存在は近年何度か報じられ、看板が立てられた）。一一月には獄中で訳した『利学正宗』の上巻が、次いで翌明治一七年一月に下巻が刊行されている。

陸奥の外遊資金の調達には、伊藤のほか、井上馨、山県有朋、渋沢栄一など、多くの人が関わっていた（二月二日、陸奥宛伊藤書簡、五月一二日、亮子宛陸奥書簡）。二月に渋沢が三井の西邑《にしむら》虎《とら》四郎《しろう》に送った書状によると、まず五〇〇〇円は「或人より拠出」された。政府資金ということだろう。その他、古河市兵衛と渋沢が一五〇〇円、三井が一〇〇〇円、原善三郎が一〇〇〇円でさらに数百円は古河・渋沢で補うことになっていた。古河は次男の潤吉が養子に入った先で、渋沢と横浜商人の原は明治初年からのつき合い、三井はさらに古く、幕末や父宗広の代からの縁である。

陸奥は外遊中、日本にいる妻の亮子への手紙で何度か、ご承知の通りの行きがかりがあるので得るところなく帰るわけにはいかないとか、しかし必要があればいつでも帰国するから知らせてほしいなどと書いている。井上や渋沢に外遊を勧められたという記述もある。陸奥自身が海外で見聞を広めようという意欲を持っていたのは確かだが、同時に、すぐには政府内で陸奥に相応の役職を用意できないのでもともと交流のあった人々が陸奥を海外に出そうとした面もあったのだろう。出獄後の状況からもよくわかるように、陸奥が無役で日本国内にいると、それを取り込もうと自由民権勢力が接触してくる。

四月二七日、陸奥は単身、横浜を出発し、五月一一日にサンフランシスコに着き、ソルトレークシティ、シカゴ、ニューヨーク、ワシントンなどアメリカ各地をめぐった。為替金を東洋銀行に託しアメリカで受領するはずだったのだが、サンフランシスコで上陸してみるとその東洋銀行がにわかに閉鎖していたというハプニングがあり、陸奥は日本にいる井上や渋沢に助けを求めている。結局それは翌年まで解決せず、資金が底をつけば帰国することも考えていたが、途中まで外遊に同行し先に帰国した実業家の今村清之助《せいのすけ》から貸与を受けるなどして乗り切った。

五月三〇日の伊藤宛書簡では、大統領候補指名大会が六月三日からシカゴで開かれるためそれを見に行くと書いている。ワシントンでは、議会の書記官からアメリカ議会について話を聞いたようである。早速、議会政治研究の始まりであった。そして陸奥は六月二八日にニューヨークを発ち、七月八日、ロンドンに到着する。

イギリスでの生活

明治政府は、明治二三年の国会開設を約束している。憲法制定の準備も進めていた。そうした日本の政治制度の変化を意識する陸奥がイギリスで教わろうと思っていた相手が、後でくわしく取り上げるように、下院書記官長（事務総長）のアースキン・メイであった。

陸奥のロンドン到着後、イギリス外務次官補のフィリップ・カリーが七月二〇日、陸奥を紹介する手紙をメイに送っている。そこには、陸奥は日本で今後数年の間に起こる国制上の変化を念頭において、イギリスの議会制度を研究しに来ていること、しかしほとんど英語が話せないため、まずは英語の学習に専念するよう勧めたことが記されている。

実は、ベンサムの主著を翻訳した陸奥ではあるが、この時点でうまく英会話ができなかった。同時期にロンドンにいて陸奥の様子を見ていた日本人も、同様の証言を残している。陸奥は、伊藤の女婿でまもなくケンブリッジ大学を卒業する末松謙澄《すえまつけんちょう》を頼る一方で、個人レッスンを受けるなどして英語の習得に努めた。妻の亮子に送った手紙には何度か自身の英会話能力について記していて、一〇月の手紙によると、少しでも英語を早く習得するためになるべく日本人と交わらないようにしていた。そして翌年四月になると、日常会話は不自由なくできる、との自己評価であった。もっとも、五月の手紙でも、娘の清子が英語を学び始めたと聞いて、自分の英語を「何の役にもたたぬもの」と書き、清子にはなるべく音を正しくしてイギリスでイギリス人と話ができるようにさせたいと強調している。才子・陸奥も、英会話には四苦八苦だった。

陸奥のロンドンでの滞在先は、ヘンリー・ネルソン・ケーペルというソリシター（事務弁護士）の家で、ユーストン駅の向かいにあった。ケーペルは陸奥より一〇歳ほど上でロンドン大学卒、不動産譲渡の手続きに関する著作（*Greenwood's Manual of the Practice of Conveyancing*）の第四・五版の編者に名を連ねている。一八八一年のセンサス（国勢調査）によると、数名の下宿人がいたようである。

ケーペルは、陸奥がイギリスを去ってからじきに下院書記官長を引退することになったメイに、手紙を送っている。そのなかで、陸奥がケーペル家に滞在していた当時、常に陸奥とイギリス政治について議論していたと記している。そして、陸奥とともに湖水地方を訪れたとき、陸奥がイギリス国制について論じた文章の点検を依頼され、その見識の深さに驚き、必ずやメイは満足するだろうと述べた、とする。その陸奥の文章は、メイに送るものであった。

つまり陸奥は、メイとのやりとりについてケーペルに相談し、英語の点検を求め、内容面に関しても議論を交わしていた。ケーペルは、イギリス知識階層の一人として、陸奥のイギリス政治理解に小さからぬ一役を買っていたのである。陸奥は亮子への手紙で、ケーペル夫妻のことを至極よい人物と紹介し、他日息子の広吉がロンドンに遊学でもするときのことを今から頼んであるほどだと記している。実際、後に広吉はケーペル家に下宿することになる。

亮子への手紙

外遊の間、陸奥は妻の亮子に多くの手紙を送っている。すでに英会話関連の話題には触れたが、さらにいくつか取り上げてみよう。

アメリカからの手紙ではオートミールを紹介し、食し方などを伝えている。亮子もそうだが、特に娘の清子に食べさせることを勧めている。「あまりにやせすぎ」というのが父宗光の心配の種だった（明治一七年六月一八日）。

亮子に勉学を勧めるのは山形・仙台の獄中時代と同様だが、さらに、西洋の人々を見て、身体を強くする必要性も痛感したらしい。ときどきは上野の公園などに散歩に出かけ、自分が帰国するまでには王子くらいは歩きで往復できるようになっていてほしい、と書いている。陸奥家がある根岸からは上野はすぐそば、王子は五～六キロメートルである。

写真を送ることも求めた。家族三人が別々に撮って、亮子は西洋服で半身、清子は振り袖、広吉は西洋服、と詳細に指定している（九月二五日）。外遊先で知り合った人々に渡すつもりで、よく写ったものを送るよう伝えていた。子どもの写真が不出来であると言って撮り直させることもあった。文明国としての日本の姿を西洋人に示すという目的と、陸奥自身の自己顕示と、両面あるだろう。後の駐米公使時代の社交活動を先取りしている観もある。

勉学について言えば、亮子は、着実に陸奥の期待に応えていったようである。陸奥の亮子宛の手紙は、日を追うごとに明らかに漢字が増え、内容も高度になっている。陸奥は読書から進んでさらに新聞の社説を読むことを勧め、陸奥が帰国する頃には、亮子は『時事新報』の社説などを読むようになっていた（明治一八年一〇月九日）。

メイ講義――イギリス議会政治研究

さて、すでに何度か名前が出ているように、陸奥がイギリス議会政治について教えを請うたのが、下院書記官長のアースキン・メイである。議会運営に精通しており、イギリスの議会先例集は、メイが初代編纂者であることから、「アースキン・メイ」と呼ばれる。メイの著作や編纂物は議会についての知見を得ようとする者たちの注目の的で、世界各地で翻訳され、メイのもとにはさまざまな国の人物から手紙が送られてきている。日本でも、翻訳物が出版されていて、メイの名は知られていた。ただし、メイの個人文書を見る限り、メイと実際にやりとりを重ねていた日本人は陸奥のみである。

カリー外務次官補がメイに陸奥を紹介する手紙を送ってから数日後、陸奥はメイと面会した。七月二六日の伊藤宛書簡で、前日に初めてメイと対話の機会を得て種々質問し、次の日曜日に会う約束をしたと記している。この書簡には、陸奥がメイに教わろうとした理由もよく表れていて、「唯々空理を談じ候学士輩とは相違し、議会実際の形況を研究いたし候には至極の人物」と評している。議会政治をめぐる空理空論を非難し、「実際」の重要性を強調するというのは、この後何度も示される陸奥の姿勢である。

陸奥がヨーロッパで学んだ内容は、英文でびっしりと書かれた神奈川県立金沢文庫所蔵の七冊のノート、総計約一〇〇〇頁にまとめられている（うち一冊はシュタインから与えられたもの）。議会政治や選挙、政党を中心に、明治初期から中期にかけての政治指導者の学習記録としては他に類例を見ない、本格的な分析と言って過言でない。

なかでも特に興味深いのが、メイとの問答記録である。質問と答えの両方が記されており、陸奥がどのようなことを考え、何を学ぼうとしていたのかがよくわかる。例えば陸奥は、立憲政体の真髄は、内閣が議会多数の支持を得る限りにおいてのみ権力を有し、その信認を失ったことが明らかになればすぐに政権を明け渡すところにあると捉えた。そして、そうした仕組みを取り入れるのは容易ではないが、とはいえ、真髄を欠いた状態で立憲政体を採用する意味はどこにあるのか、というのが陸奥の問いであった。メイがその、現在の言葉で言えば議院内閣制に当たる仕組みを日本がすぐに導入することに否定的な見解を示すと、陸奥は重ねて、それなしの立憲政体に意義があるのかどうかを問うた。

陸奥は他にも、議会や政党、選挙について、事細かに質問している。選挙制度に関しては、陸奥は日本が小選挙区制を採用するという見込みのもと、その制度の長所と短所、具体的な運用方法などについて尋ねた。選挙権制限の問題にも目を向け、メイへの質問のなかで、その撤廃を求める声の高まりは普通選挙権が認められるまでやまないだろうとしている。

帰国後、陸奥は憲法に関する意見書を作成した。伊藤の側近・伊東巳代治《みよじ》の手もとに残された文書で、「陸奥君の憲法論」と書かれているが、中身はほぼ選挙に関する意見である。そのなかで陸奥は、選挙に慣れていない日本では制限選挙をおこなうべきとしつつ、以下のように述べている。

「然れども、今日欧米各異の立憲政体国を視るに、特に英国を除くの外、其他は殆《ほと》んど普通選挙の方を採用せざる者稀なるが如し。故に今ま我国において取用する所の制限選挙と雖《いえ》ども、他日官民共に投票の事務に慣熟するの後ち漸次に其範囲を拡充し、其極遂に普通制度を施行するに至るも亦た不可なかるべし」

欧米の立憲政体の国で、イギリス以外はむしろ普通選挙を採用していない方がまれであって、日本も、差し当たり制限選挙をおこなうにしても、官民ともに慣れていけば制限をゆるめ、ついには普通選挙を実施しても問題ない、というのである。制限というのも、まずは選挙区内の（成年男子の）人口の過半数をめどとするという主張で、選挙権者が総人口の一パーセント程度だった実際の第一回総選挙とはずいぶん異なる想定であった。

それは、陸奥が自由民権の理想に燃えて選挙権拡張を目指していたということではない。陸奥から見ると、議会政治やデモクラシー、普通選挙というのは、理念や理想ではなく、現実に生じている世の趨勢だった。したがって、その現実の動きに政府としても対応していくべしと主張した。そして同時に、藩閥政治のもとでは相応の地位を与えられず、能力を十分に発揮できないと考えている陸奥にとって、そうした新たな政治の仕組みは、自身が台頭するチャンスだと思えたのである。

ワラカー講義

メイの他に、陸奥がイギリスで教わった人物が、トマス・ワラカーである。明治一七年一二月から翌年一月にかけて、陸奥はケンブリッジに滞在し、ワラカーから集中的に講義を受けている。

ワラカーはケンブリッジ大学トリニティホールの講師で、さまざまな法律科目を教えていた。末松謙澄がケンブリッジ大学で法律の学位をとるに当たってワラカーの個人指導を受けており、末松は自著の序文で、自身が法律学位をとることができた恩人の一人としてワラカーの名を挙げている（*The Risen Sun*）。

著作としては、一八九二年刊の *Naval Warfare of the Future*（『将来の海戦』）がある。これは今まで、書名が触れられるのみで内容が紹介されることはなかったと思われるが、陸奥が学んだワラカーの学問の特徴を知るうえで興味深い素材である。

本のテーマは、交戦国の軍艦による海上での捕獲（maritime capture）で、それを国際法的、歴史的に検討している。ワラカーは、イギリスの富は通商に基づき、通商は海上の優越に依拠しており、海上捕獲権がどのように定められるかはそれらと密接に関わる問題だと説いた。現実の政策論や国防に直結するものとして法的問題を扱っており、文章は平明で、人に訴えかけるような調子である。

陸奥はワラカーから、イギリス国制（Constitutional Law）と国際法について教わった。前者は、イギリスの政治、政党、政治制度の歴史的展開を論じており、さらに政党に関して補足的な説明がなされている。メイの講義と違ってノートは問答形式になっておらず、ワラカーの講義内容をまとめたものだが、陸奥の関心が講義内容に反映されていると見てよいだろう。政党の党首と議員との関係であるとか、議会における小政党の役割について、陸奥はイギリスの歴史と現状を学んだ。

アースキン・メイは議会運営の専門家であったが、ワラカーは、国政の実務に関わっているわけでも政党研究をしているわけでもない。大学の講義では、イギリスの国制や歴史について論じることもあったものの、多くは、財産権（法）や刑法、ローマ法、国際法を担当している（*Cambridge University Reporter*）。しかしながら、該博な知識を持っていたのは確かであるし、右に見たように、学問的知見と現実の政治・社会情勢との連関を強く意識していた。市会議員を務めるなど、地元ケンブリッジの政治においては熱心に活動している。大学の卒業資格試験のための個人指導をおこなっていたこともあり、教育に対する意欲も能力も高かった。陸奥は、イギリスに何か体系的な知識を学びにいったというよりも、自身の疑問や問題意識に対して応答してくれる人を見つけ、これからの政治生活の参考になる知見を摂取しようとしていたのである。

国際法の方がワラカーの専門で、陸奥にとっても、条約改正や、あるいは後の日清戦争に関わってきそうなところである。ただ、ここでワラカーから学んだ国際法の知識と陸奥が外務大臣時代などにおこなった主張や判断との間に、有力な直接的つながりがあったかどうかはわかっていない。

シュタイン講義と帰国

陸奥は明治一八年二月からイギリス国内を旅行し、フランスを経て四月中旬にベルリンに到着する。ここで陸奥はプロイセン憲法について学び、一冊のノートにまとめている。五月一一日に亮子に宛てた手紙によると、毎日一〇時間ほど学問に打ち込んでいるとのことであった。イギリスと違って言葉が一切通じないので何事も通訳を頼らざるを得ず、ずいぶん不自由だ、とも記している。

六月二〇日、陸奥はウィーンに到着し、ローレンツ・フォン・シュタインの講義を受ける。シュタインは、憲法調査でヨーロッパを訪れた伊藤にプロイセン式の憲法制定を勧めたことなどで知られ、日本の政治家や官僚、軍人が多数その門をたたいた様子は、「シュタイン詣《もう》で」と言われる。

実は、およそ五〇年前、シュタイン邸を探し出し、シュタインに宛てた日本人の手紙の数々を発見したのが、本書でも何度か名前を挙げている歴史家・萩原延壽であった。萩原は、日本人からの書簡のなかで「一貫して、内容的にみるべき手紙をかいていたのは、陸奥ただひとり」と評している（萩原『陸奥宗光』）。

陸奥はシュタインから、国家学、そして陸奥の関心事である選挙制度についても講義を受けた。八月にウィーンを発った陸奥は、その後ヨーロッパ各地を巡るなかでも何度かシュタインに手紙を送り、疑問点などを尋ねている。ただし、前述の通り陸奥はもともとイギリスの政治思想に慣れ親しみ、イギリスの議会政治や政党、選挙制度に強い関心を持っており、その後の陸奥の思想や行動に影響を与えたのはシュタインの講義よりもイギリスでの勉学であった。

陸奥がヨーロッパで猛勉強したことは、詳細に記された英文ノートであるとか、メイやシュタインとの書簡のやりとりにも明らかであるが、それを目撃した人々にも強い印象を与えたようである。駐オーストリア公使の西園寺公望は陸奥のウィーン滞在中の七月三日、伊藤への書簡において、「同氏〔＝陸奥〕の勉強は実可驚《じつにおどろくべし》」と書いている。翌年一月の伊藤宛書簡でも、「同人滞欧中は非常勉強也」と記し、速やかに政府が登用するよう勧めた。ここから始まった西園寺との交友は、陸奥の死まで続く。

明治一八年一二月、陸奥はヨーロッパを離れ、翌年二月一日、神戸に到着する。このとき陸奥、四三歳。およそ一年一〇か月ぶりの帰国であった。

第四章　議会開設前後——再び政府のなかで

1　駐米公使として

外務省出仕

明治一九（一八八六）年二月、ヨーロッパから帰国した陸奥は、神戸を経て東京に入った。そこに早速、和歌山の児玉仲児が訪ねてきて、連日面会する。陸奥は四月から五月にかけて、京阪・和歌山を訪れた。ヨーロッパ滞在中に母の政子が亡くなっていたため、大阪で埋葬し、和歌山で法要をおこなった（「児玉仲児日記」、『大阪朝日新聞』）。

四月一八日には、和歌山県会議堂で二〇〇名ほどが集まって饗応《きょうおう》の会が開かれた。また二一日、前年にアメリカで亡くなった浜口梧陵《はまぐちごりょう》の墓を訪れている。浜口は、現在では大地震後の津波に際して村人の避難誘導をおこなった「稲むらの火」の逸話で知られるが、和歌山県の初代県会議長を務めるなど和歌山を代表する政治家であり、陸奥とも交流があった。陸奥は外遊中、浜口がアメリカにやって来ると聞いてそこで会うつもりだったのだが果たせず、その後ベルリンで訃報《ふほう》を聞いて悔やみ状を送っていた（明治一八年六月四日、亮子宛陸奥書簡）。

東京に戻ってからしばらくして九月一八日、陸奥は児玉に書状を送り、那賀郡長就任を祝う一方で、和歌山県会の方はどうなるのかと懸念を示し、県会を左右する権力を維持するよう力説した（「権力」は、児玉宛書簡中で陸奥が実際に何度も記している言葉である）。児玉は前年から、県会議長を務めていた。陸奥は、なんとか児玉腹心の者を後任にすえてほしいとして、もし和歌山に適当な人物がいないならば在京の和歌山人のなかから誰か見つけるという方法もある、と周旋を申し出ている。陸奥にとって、児玉を介して和歌山に勢力を築いているというのは、重要な意味を持つようになっていた。

一〇月二八日、陸奥は弁理公使に任じられる。差し当たり、国内での勤務である。かつての国事犯の陸奥をいきなり特命全権公使に任ずるというのは反発が生じることが懸念され、一段下の弁理公使からのスタートとなった。難色を示す陸奥に対し、外務大臣の井上は、いつまでもその地位にとどめておくわけではないと言って納得させたらしい（一〇月二五日、伊藤宛井上書簡）。当時、首相は伊藤、外務大臣は井上であり、いずれも陸奥との関係は良好だった。なお、前年に太政官制度に代わって内閣制度が成立しているため、ここからは外務「卿」ではなく外務「大臣」である。

翌明治二〇年四月一二日、陸奥は、条約改正のための法律取調委員副長に任じられた。委員長は外相の井上である。二七日には特命全権公使となる。しかししばらくの間、赴任先は決まらなかった。井上は陸奥に、当面は海外赴任をしない方がよいと説いていたようである。伊藤は陸奥に、駐英公使になる気はないかと声をかけていたが、その話も立ち消えになった（五月一五日、一七日、伊藤宛陸奥書簡）。ちなみにこの頃、陸奥の自宅は麻布区仲ノ町（現在の港区六本木）に移っている。

そうこうしているうちに、井上が進める条約改正の方針に政府内外から批判の声が上がって紛糾する。井上は七月、各国公使を集めて開いていた条約改正会議の無期限延期を宣言し、九月に外務大臣を辞任した。

伊藤や井上は、後任に大隈重信をすえようとしたが、これに、外務次官の青木周蔵や陸奥は強く反対していた。ただ結局、数か月にわたって首相の伊藤が兼任した末、明治二一年二月一日、大隈が外務大臣に就任する。そこで陸奥は行きがかり上、その管下で外交官として勤めることをよしとせず、辞表を提出した（「小伝」）。しかし慰留を受けて撤回し、二月一〇日、ワシントン在勤、駐米公使を任じられた。四月末には、首相が伊藤から黒田清隆に代わっている。

井上馨の自治党構想

その頃、政府内では憲法制定・議会開設を見すえた一つの動きが生じていた。条約改正事業が行きづまって外務大臣を辞めた井上が、いわゆる自治党を組織しようとしていたのである。中等以上の財産家を糾合し、国会開設時には穏健な議員を多数得ることを目指した。井上はそうした構想を首相の黒田に伝え、七月二五日、農商務大臣になる。

井上馨

この井上の構想は、長州出身で外務次官の青木や、同じく長州出身の逓信次官・野村靖《やすし》、渋沢栄一などが支持しており、陸奥とその周辺も、深く関与していた。児玉仲児は明治二〇年一〇月に上京して陸奥や青木のもとを訪れ、翌月、那賀郡長の職を辞している（「児玉仲児日記」）。もっぱら自治党計画に関与し奔走しているのは陸奥と古沢滋、その他一、二名であり、児玉の辞職も陸奥の意を受けて尽力するためである、と報じられることもあった

（『大阪朝日新聞』明治二一年二月一六日）。

古沢滋は、土佐出身で民撰議院設立建白書の起草者兼提出者。官僚として、いくつかの省に勤めた。明治八年の大阪会議や元老院のところでも名前を挙げたように、陸奥とのつき合いも長い。

後述の通り、結局、自治党計画は本格化しないで終わる。ただ陸奥としては、藩閥政府の指導者の一人である井上が議会運営や政党組織に関心を示したというのは、自身が望む政治体制を実現するためのよい足がかりになると捉えていた。日本を離れる直前、井上に活動を前進させるよう促し（明治二一年五月一六日、井上宛陸奥書簡）、アメリカに渡ってからも、しばしば意見具申をおこなった。

ワシントン赴任

五月二〇日、陸奥は妻の亮子や娘の清子、そして留学する次男の古河潤吉やいとこの長坂（岡崎）邦輔とともに横浜を出発し、アメリカに向かった。六月一五日、ワシントンに到着する。

陸奥が駐米公使として成し遂げた大きな仕事が、メキシコとの条約締結である。日本にとって、双務的な最恵国待遇を認め、領事裁判制度は含んでいない、いわゆる対等条約を結んだ初めての例であった。

最恵国待遇とは、A国が条約関係を結んだB国に対し、最もよいのと同等な待遇を与えることである。A国が他国に対して何らかの譲与を認めた場合、B国もA国に同様の権利主張（均霑《きんてん》）ができる。日本が幕末に諸外国と結んだ条約では、これが片務的なかたちになっていた。つまり、諸国は日本に対してそのような権利を有しているが、日本から諸国に対してはそうではない。「不平等」条約と言われる理由の一つである。その他、領事裁判など条約改正の沿革については、次の第五章で説明する。

当時、日本とメキシコとの間に条約関係はなかったが、数年前からメキシコ側が条約締結を働きかけていた。ただ日本としては、諸国と条約改正をおこなおうとしているところであり、領事裁判権を認める条約を新たに結ぶつもりはなかった。陸奥のアメリカ赴任に際して大隈外相からは、メキシコとの条約締結を急ぐ必要はないが、もしメキシコ側が日本案を受け入れるならば拒むものではないとの指示が出ている（以下、「日墨修好通商条約締結概要」、「来往電綴」）。

ワシントンに着いて各国公使に着任のあいさつをした陸奥に、早速、駐米メキシコ公使のロメロが接触してくる。自分は一月に日本側が提示した覚書に基づき日本と条約を締結する全権委員に任命されているが、日本側の意向はどうか、というのである。その覚書は首相の伊藤が外相を兼任しているときにつくられたもので、十分な検討を経ておらず、領事裁判制度を含まないかたちになっていなかった。

そこで陸奥はまず、内々に、対等条約でなければ締結しないつもりであるという日本側の「覚悟」を伝えた。いきなり本交渉の場で双方の見解が対立するのを避けようとしたのである。そのうえで、会談がおこなわれる。ここまでまだ、陸奥がワシントンに到着してから一〇日も経っていない。

翌七月、メキシコ政府の意向が伝えられたが、領事裁判なしの条約締結を認めるのかどうかははっきりしなかった。ただ、公使のロメロは日本との条約締結に積極的なように見えた。陸奥はそれを「巧に利用」し、条約の成就にこぎつけたという。もっとも、ワシントンの公使館勤務で陸奥に目をかけられ、後に陸奥が農商務大臣に就任するとその秘書官となる内田康哉《こうさいやすや》が記した経過概要なので、ひいき目に見ている部分はあるかもしれない。

日墨修好通商条約——初の対等条約の締結

夏の間は避暑休暇ということで陸奥・ロメロ双方がワシントンを離れ、一〇月、折衝が再開される。するとメキシコ側は、いわゆる治外法権なしで日本と条約を結んでよいのだが、他の欧米諸国から突出して特別な条約を結ぶことが心配であるとの見解を示した。陸奥は、欧米諸国がそれでメキシコに猜疑心《さいぎしん》を抱くなどということはなく、特に、もともと日本に好意的な反応を示してきたアメリカは称賛するに違いない、と主張した。一一月一三日、基本的に日本案準拠でよいとのメキシコ側の回答がもたらされる。

陸奥は日本本国にその旨を伝え、すぐに電信で条約締結の全権を与えるよう求めた。外務大臣の大隈の返答は、全権委任の件とさらなる訓令は郵便で送る、というものであった。これは大隈が悠長に構えていたわけではなく、この当時、詳細な指示は書面で送付するのが普通だった。

一八日、遅れれば条約締結の機を逸する恐れありとして、陸奥は再度、電信での訓示と全権付与を訴えた。日本本国からは折り返し、日本としてはメキシコ人に内地を開放するつもりだが電信では委細は尽くせないので、どうしても急ぐのでなければ指示は郵便で送る、との返事がやって来る。

幕末に日本が諸外国と結んだ条約では、外国人が日本で居住・活動できる区域は限られていた。日本本国が陸奥に伝えた指示の趣旨は、それをメキシコ人については、領事裁判制度がない代わりに、日本国内に入るのを認めるということである。井上外務卿・外相期から諸外国との条約改正の枠組みとなっていた、内地開放と法権回復の交換という路線である（第五章参照）。

大隈は、あえてメキシコに内地開放を認めることで、最恵国条款の有条件主義解釈を打ち出す機会にしようと考えていた。日本がある国に対して条件つきで認めた譲与に第三国が均霑を要求する場合、同じ条件を受け入れなければならない、という議論である。メキシコに内地開放を認めれば、諸外国は最恵国条款を根拠に日本に均霑を求めるはずなので、そこで、日本の法権に服するならば内地開放を認める、と主張するわけである。

なおかつ大隈は、諸国の均霑要求を拒むことができなかった場合の備えもおこなっていた。日本側はいつでも内地開放条項を廃止することができる、という機密特別条款を入れたのである。もちろん、その際は相応の賠償をすることとなっている（『日本外交文書』、一二月一八日、陸奥宛大隈書簡）。

したがって、それはそれで巧みな戦術ではあったのだが、説明を受けていない陸奥は、本国の意図がわからない。陸奥は、今回メキシコ側は内地開放を希望しておらず、しかも日本から新たな提案をするかたちになってはさらに時間がかかるとして、従来通りの案での交渉を求めた。

一一月二三日、ようやく、詳細な説明とは言いがたいものの、ともかくも機密特別条款の仕組みまで含めて大隈のプランについて陸奥は電信で知らされる。二六日、ロメロと会談した陸奥は、内地開放はメキシコの好意に応える特別な譲与であること、そして秘密条款はあくまで「万々一の出来事」に備えたものであることなどを力説した。メキシコ側は日本の提案を認め、二九日、日本本国は全権委任の旨と条約の各条款を陸奥に通知する。

一二月三日、新条約の調印がおこなわれる。内田の記録によると、ロメロの希望で締結日は一一月三〇日付とされた。条約締結に際しては、会議録（プロトコル）がつくられている。ロメロが機密特別条款に年限を定めるべきと言い、それに対して陸奥が、日本と西洋諸国との現行条約は近いうちに改正されるはずであり、二、三年後には機密特別条款の効力をなくすことを日本政府に勧告する、と答えたことなどが記された。会議録という形式を用いたのは、条約の文言として年限を入れる入れないというところで議論を続けると、収拾がつかなくなる恐れがあるからである。

前述の通り、この日墨修好通商条約は、日本が初めて結んだ「対等条約」であった。その担当者を務めたという実績は、陸奥にとって大きな政治的経歴となる。

アメリカとの条約改正

陸奥は引き続き、アメリカとの条約改正をめぐる折衝に取り組んだ。交渉自体は日本で日本側と駐日アメリカ公使との間でおこなわれるのだが、ワシントンでも働きかけが必要だった。

大隈から指示を受けた陸奥は一二月二一日、ベイヤード国務長官と面会し、日本側提案の趣旨に沿って条約締結交渉を始めるよう駐日公使に訓令してほしいと求める。すると、すでに訓令済みとのことであった。この頃のアメリカは、基本的に日本の条約改正の取り組みに対して好意的である。

明治二二年二月、大隈と駐日アメリカ公使が新条約に調印する。ただここで問題となったのが、批准である。日米のやりとりは民主党政権時代に始まったのだが、前年の大統領選挙で共和党のハリソンが勝利を収めていた。そして、批准は民主党政権下の議会に間に合わなかった。三月にハリソンが大統領に就任し、陸奥は新たに国務長官となったブレインなどと協議を重ねた。

他方で日本は、ドイツ（六月）、ロシア（八月）との新条約調印にこぎつけた。各国と個別に交渉することで日本に対する利益供与競争をさせようという大隈の狙いは、成功しつつあるように見えた。

しかしながら、最も重要な交渉相手国であるイギリスの同意は、なかなか得られなかった。そしてそのうちに、外国人の判事任用などをめぐって国内で批判が生じる。一〇月、大隈が爆弾テロを受けたのを機に条約改正の動きは止まり、黒田内閣も退陣となった。日本本国がそのような状況である以上、陸奥が外交官としてできる仕事は限られてくる。

アメリカ社交界と亮子

外交以外に、日本政治との関わりもこの時期の陸奥に関して見るべき点であるが、その話に入っていく前に、アメリカでの陸奥一家の様子に触れておこう。前述の通り、ヨーロッパ遊学のときと違って、陸奥は妻の亮子と娘の清子を連れてアメリカに赴任している。そして亮子と言えば、その美貌で知られる。

幕末から日本に滞在し、後に駐日公使を務めることになるイギリスのアーネスト・サトウは明治一九年、亮子について日記に、"Mutsu's second wife, a very pretty young woman, with fine eyes and splendid eyebrows"と記している。萩原延壽はこれを、「陸奥の二度目の夫人、若くてたいへんな美人、すずしい眼とすばらしい眉」と訳し、滞日経験が通算二五年に及ぶサトウがはっきり「美人」と呼んでいるのは亮子ただ一人である、とする（萩原『陸奥宗光』）。

アメリカの新聞でも、例えば新任公使の陸奥の来歴が報じられる際に亮子も取り上げられ、小柄で華奢、というのとともに、眼や髪が東洋的な美しさを持っていると紹介された（*The New North-West*, 1888.8.17）。社交の場で政治・外交関係者の夫人たちがどのような服装やアクセサリーを身につけていたかというのは日常的に新聞紙面に載るのだが、亮子の場合、しば

陸奥亮子

しばくわしく描写されている。

陸奥は、ロンドン滞在中に亮子に写真を求めた一件からもわかるように、そうした亮子の存在を外交上・社交上の有力な武器としていた。ある日の新聞は、亮子について、美しく洗練されていて博識と書き、陸奥のことも紹介したうえで、陸奥夫妻は急速に社交界で人気を得ていると報じた（*The Indianapolis Journal*, 1888.10.7）。アメリカで自身や日本の評判を高めるため、陸奥が積極的に情報や金銭を提供し、そのような記事を書かせていた面もあったものと思われる。いかにも提灯《ちょうちん》記事、といったものも散見される。

もっとも、亮子はいわば単に飾り物として陸奥の横にいたわけではなく、次第に活躍の場を広げていった。上に掲げているのはどちらも亮子の写真で、一枚目の写真の方がよく知られている。いかにして美しく見せるかというところにこだわって撮られたものだろう。それに対し、二枚目はより自然体で、活動的に見える。そしてこちらが、亮子の人となりをよく表している。

ワシントン在勤時代以来、陸奥の側近の一人となった内田康哉は陸奥の家族とも親しく、その伝記草稿には、軽妙なやりとりをする普段の亮子の姿が出てくる。陸奥邸の琴の会で原敬とともに座敷の真ん中に立たされ、似合いの美人を配してはやし立てられたとのことで、「陸奥夫人にはかなわなかった」という内田の追憶談も記されている。

亮子というと判で押したように「美人」と形容されるなか、こうした人柄を伝える具体的な逸話は珍しい。人の取りさばきや饗応、機転の妙といったところは、亮子の得意分野だったのだろう。

ワシントンの社交界でも、亮子のもてなしの評判は上々だった（*The Washington Post*, 1889.1.20, 1.27）。愛嬌がある、人を引きつける、といった賛辞が並ぶ。西洋の流儀と東洋らしさがうまく融合していると見られていたようである。アメリカ到着当初はほとんど話せなかった英語も、半年ほど経つと上達していたらしい。社交の場には、しばしば娘の清子も出席している。

なお、アメリカ滞在二年目の明治二二年夏、イギリス留学中の長男・広吉をアメリカに呼び寄せ、コーネル大学留学中の次男の潤吉も陸奥のもとにやって来る。陸奥一家、久しぶりの家族団欒《だんらん》のひとときである。数えで陸奥四六歳、亮子三四歳、広吉二一歳、潤吉二〇歳、清子一七歳である。そしてこれが、家族五人が顔を合わせる最後の機会となった。

「政治なる者は術なり、学にあらず」

アメリカにいる間、陸奥は外交業務にたずさわるかたわらで、日本国内とも盛んに連絡をとっていた。前述の通り、日本では井上馨を中心に、議会開設を見すえた政府党形成の動きがある。陸奥のもとには、その同志である青木周蔵や古沢滋、そして井上からも連絡が来ている。

しかしながら、井上の構想は政府内で支持を得られなかった。憲法発布翌日の明治二二年二月一二日、首相の黒田は地方長官に対し、いわゆる政党なるものが社会に存立するのは避けられないものであると前置きをしたうえで、しかし政府は常に一定の方向をとり、超然として政党の外に立たなくてはならないと論じた。いわゆる、超然主義演説である。伊藤もまた、同じ趣旨のことを述べている。結局、自治党計画は大きく進展することなく頓挫《とんざ》する。

そうしたなかで、陸奥は盛んに、立憲政治や議会、選挙、政党についての考え方、あるいはそれらへの対応方法を井上に説いた。三月、以下の有名な一節を論じている。

「抑《そもそ》も政治なる者は術《アート》なり、学《サイアンス》にあらず。故に政治を行うの人に巧拙《スキール》の別あり。巧に政治を行い巧に人心を収攬するは、即ち実学実才ありて広く世務に練熟する人に存し、決して白面書生机上の談の比にあらざるべし。亦た立憲政治は専制政治の如く簡易なる能わず。故に、其政治家に必要する所の巧且熟なる者も、一層の度を増加すべし」

「アート」、「サイアンス」、「スキール」はいずれも、陸奥自身が記したフリガナである。この後も陸奥は繰り返し、超然主義であるとか、政党外に立つといったことについて、そのような考えなのはよいがそれで実際に国会が開かれたときにいかにして対応するのか、と問うた。理念や理想ではなく現実を考えるように、という陸奥の持論である。右の書簡でも、「術《アート》」「実学実才」「広く世務に練熟する人」と「学《サイアンス》」「白面書生」「机上の談」が対比されている。

「立憲政治は専制政治の如く簡易なる能わず」というのも陸奥らしい言い回しで、陸奥によれば立憲政治とは、何よりも、政治の技術や手腕が求められる政治体制であった。その議論にはもちろん、だからこそ自分の力が必要となるはずだという売り込みの意味もあった。

陸奥は、井上からの書状に書かれていた下院（衆議院）議長就任の話を断っている。出獄後、自由民権運動の側に立たず、外遊を経て外務省に出仕した自分は「コンジション」（状況、条件、地歩の意）が十分でないというのである。陸奥は、第一回の議会では首領のもとで一団（en bloc）となって動く多数党は形成されず、諸派分離のなかで競争や交渉がおこなわれると予想し、それはいきなり国会のなかに入ってもうまく操縦できないと考えていた（三月二日、井上宛陸奥書簡）。

和歌山における選挙準備――実践的選挙論の白眉

そうした考えを持つ陸奥が関与するかたちで実際に事態が大きく動いたのが、和歌山政界である。陸奥は井上への書状において、自治党が議会で一団の働きをするには地方単位で、つまり山口県や和歌山県の議員をみな自治党議員として組織していくことが必要であると説いていた（五月三日、井上宛陸奥書簡）。

明治二二年二月、憲法とともに衆議院の選挙法が公布される。陸奥はすぐに選挙区の区割りを確認し、児玉仲児に連絡をとった（三月一二日、児玉宛陸奥書簡）。

和歌山県は三区に分かれ、一区と三区は定数二、二区は定数一である。このうち二区は、児玉の本拠地である那賀郡と伊都郡なので、児玉が候補者となれば当選は間違いない。

しかし陸奥は、他の二つの選挙区でも勝利するため、実力者の児玉は本拠地を誰か同志に譲って別の選挙区で戦った方がよいのではないかと論じた。少なくとも和歌山県全体の五人中三人、できれば五人全員、児玉系の人物を当選させたいというのである。情勢を見きわめ、強がりを言わず、必要とあれば敵方とみなしている人々とも折り合いをつけて味方に引き入れ、自陣にとって弱点や不利な状況があるならばそれを補う策を講ずべし、と陸奥は説いた。和歌山県では、陸奥と児玉が接近して陸奥―児玉派が形成され、それに反発する勢力との間で激しい対立が生じている。

入れ違いで、児玉と山東直砥から連名の書状が陸奥に届く。そこには、陸奥を含めて五人の候補人が書かれていた。陸奥は三月二七日、両名宛に返書を送り、差し当たり自分は候補人に入れないよう求めている。

そして、その他の候補者四人についての分析が鋭い。まず児玉は、勝利確実である。東京大学卒の関直彦《せきなおひこ》は、和歌山との関係がどうかは知らないけれども「東京にては随分有名なる学者」でジャーナリストとしても活躍しているので、児玉の支援で出馬となれば「至極妙」と見た。

問題は後の二人、山東と慶應義塾出身の吉川泰二《よしかわたいじ》(次)郎《ろう》であった。陸奥は、従来の私情から言えばもちろん山東にもう一花咲かせてほしいとしつつ、有力な候補ではない山東が選挙を戦うのは結局、児玉の勢力を借りることになるのではないかと懸念を示した。吉川に関しても同様の問題があるのだが、こちらは慶應系対策として多少の利益もあり得ると論じた。慶應義塾は明治初年から和歌山県人が多数入っており、和歌山とは関係が深い。

要するに、児玉の負担はあらかじめなるべく軽減し、必ず成功が期待できることに注力すべし、というのが陸奥の意見であった。陸奥は、児玉・関以外の候補人については才力は問わず、児玉の助けとなり十分信用のおける人であれば、「お百姓でも素町人でも士族でもよろし。〔中略〕児玉君は此種の人々より議論上の扶助を得ざるも、多衆上（投票上）の扶助を得べし」、と訴えた。

陸奥は、山東自身が読むこの返書に、山東を候補人とするのは児玉の負担になると書いた。いかにも陸奥らしい遠慮のなさである。まず山東の手もとに届くので、それから児玉に回し、二人とも読んだら必ず火中に投じるよう記している。

もっとも、火中に投じよと書かれた書状が燃やされずに、われわれの目に触れることはいくらでもある。ただこれはさらに、本当に、必ず滅却するように、と念押しをしている（「此火中投の文字は、通例一般の言語と御看做し被下《くださる》間敷《まじく》、小生は真実に如此《かくのごとき》書面の永久存するを好まず。故に必ず御消滅被下《くだされ》度《た》し」）。ここまで書かれて残存しているのは珍しい。陸奥の詳細な選挙対策論を今に伝える貴重な史料であり、燃やされなかったのは幸いだった。

陸奥はさらに同じ書簡で、児玉が国会に出た後の和歌山県会のことも考えておくよう注意を促した。児玉が那賀郡長に就任したときと同様の主張である。

五月一〇日の児玉宛書簡でも、陸奥は県会の重要性を強調し、「地方の根基堅固ならざれば、国会上の威力薄く候」と説いた。児玉・関以外の候補人選定に関しては、同主義の人であれば誰でもよく、むしろ「第二流の人物」でも必ず当選する候補人を指名すべし、と繰り返した。また、これは井上にも働きかけていたことだが、アメリカでも選挙において法律の許すかぎり政府の力を使っているとして、なるべく和歌山県庁の助力を仰ぐよう伝えた。第一回の衆議院総選挙に関して、個別の選挙区や候補人の状況、県全体の情勢、国会と県政との関係、政府・県庁の可能な範囲での関与など、一人でこれほど総合的に検討した者は、明治政府内はもちろん、おそらく民間でも、ほとんどいなかった。

なお陸奥は、結局児玉たちに、自分が候補人になるとの意思は示さなかった。ただ、和歌山での土地の購入は進めた。もともと陸奥は、一応被選挙資格の備えをするにしても所得税などでなんとかできると考え、井上に、土地購入は不得策と主張していた。しかしそれが、一年以上前から当該府県内で直接国税一五円以上納入、所得税の場合は三年以上前から、という規定だったため間に合わないことに気づき、やはり土地を購入することにした。井上には、第一回の国会に出るつもりはないと繰り返し、購入を極力秘密裡に進めるよう求めている（三月二日、一二日、井上宛陸奥書簡）。

2　農商務大臣就任と議会開設

帰国と煩悶

明治二三（一八九〇）年一月二五日、陸奥はアメリカから帰国する。前年の一一月二九日、青木が陸奥に書簡を送っており、そこには、「山県内閣を組織するとなれば、老兄も閣員となって一働き」すべしと書かれていた。その後に日本本国から帰国を促す電報を受けた陸奥は、大臣に就任するつもりでワシントンを去った。ところが、一二月二四日に山県内閣が成立してしまう。陸奥はシカゴでその報を知った（明治二二年一二月一五日、陸奥宛青木電信、明治二三年二月一日、井上宛古沢書簡）。

帰国した陸奥は、当然不満が募る。陸奥と面会を重ねた古沢滋は、二月一日の井上への書簡で、陸奥は相変わらず「功名心は充分勃々」で焦燥していると記している。二月四日、陸奥は駐メキシコ公使兼勤を命じられ、日本には一時的に帰国したということにして再びアメリカに戻ることも検討された。

ただ、山県内閣で外務大臣となっていた青木は、「陸奥公使も甚《はなはだ》不快の感を抱居候得共《いだきおりそうらえども》、到底、此エブリチー（＝アビリティ、能力）多き良友を満足せしむるの方は他なし、一省の長と為すにあり」、とやはり陸奥を大臣にした方がよいのではないかと論じていた（二月一四日、井上宛青木書簡）。「エブリチー多き良友を満足せしむる」とはなんとも含蓄のある言い回しで、陸奥の能力を評価している一方で、激しい功名心や焦燥感が手に負えないという意味合いも感じとれる。

その後も、陸奥の処遇はなかなか決まらなかった。陸奥は二月七日に妻の亮子や娘の清子とともに東京を離れ、途中で熱田《あつた》神宮参詣などをはさみながら、一四日に神戸に到着する。三月は数日、四月は二週間ほど、単身帰京し、青木外相のもとなどを訪れた。

三月一八日、陸奥はイギリスに留学中の息子広吉への手紙で、置かれている現状と自身の考えを詳細に記している。東京では山県らが心配し、陸奥が満足できる地位はないかと詮議中であり、陸奥はそれを避けて病気保養のためと称して兵庫の須磨にいた。「病気保養（病気は実は全快なれども）」とあるように、名目として病気保養と言っているだけである。陸奥は、①政府からそれなりに満足できるオファー（原文では英語でofferと書かれている）があれば仕官する、②不十分なオファーであれば退けて国会に入る、③アメリカに帰任する、という三つの可能性を記していた。

五月、ようやく陸奥の処遇が決まる。閣員数名の交代がなされ、陸奥は農商務大臣になった。ときに陸奥、四七歳。さらにその先の地位を見すえてはいるものの、まずはようやくたどり着いた大臣のいすであった。明治天皇は、政府転覆計画に加担した過去のある陸奥が大臣となることを不安視したが、首相の山県が説得した（『明治天皇紀』）。就任は、五月一七日である。

原敬との出会い

ここで出会ったのが、原敬である。原は、陸奥より一二歳下の安政三（一八五六）年生まれ。盛岡藩の出身で、祖父は家老を務めた上級武士の家柄であった。明治維新の際に新政府に抗し制圧された東北の出ということで、藩閥政府に反発心を持つ陸奥と相通ずるところがあった。明治一五年に外務省に出仕して天津領事やパリ駐在の書記官などを務めた後、農商務省に転じ、陸奥の前任、岩村通俊《みちとし》農商務大臣の時代に大臣秘書官となっていた。

原敬

原は明治一四年、東北漫遊中にちょうど陸奥が入っていた仙台の監獄を訪れているが、そこで言葉を交わしたわけではなく、つき合いが始まったのは陸奥が農商務大臣に就任した明治二三年からである。陸奥は明治三〇年に亡くなるので、原と親しく接した期間は七年ほどである。実は、それほど長くはない。しかしその七年間、原は最側近として陸奥を支え、陸奥も原に目をかけた。

大正七（一九一八）年、原は日本初の本格的な政党内閣とされる原内閣を組織する。もとをたどれば、原が政界の中枢に入っていくきっかけとなったのは、陸奥との出会いである。陸奥による引き立てがなければ、伊藤博文がつくった立憲政友会で原が重きをなすことも、伊藤・西園寺公望に続く第三代総裁となることもなかっただろう。アメリカから帰国した陸奥がねばり腰で農商務大臣の座を得たことは、近代日本政治の展開を大きく左右する出会いを生んだのだった。

農商務省人事

原は大臣交代を機に農商務省を去ろうと考えていたが、陸奥から慰留され、そのまま秘書官の職にとどまることとした。原が職を辞そうかと考えた背景には、大臣が変わるからという単純な理由とともに、省内の権力状況があった。陸奥の農商務大臣就任当時、省内では次官の前田正名が勢力を築いており、原はそれを快く思っていなかったのである（『原敬日記』明治二三年二月二四日、五月二〇日）。

前田をいかにして掣肘《せいちゅう》するか、という話は長州系のなかでも持ち上がっていた。積極的に動いたのが、品川弥二郎《やじろう》である。品川は松下村塾出身。陸奥よりわずか一歳年長ながら、薩長同盟など幕末の政局の中心に関与している。明治維新後は、長州内で伊藤・井上・山県の次、青木周蔵などと同じくらいの実力者という位置づけである。農商務大輔を数年間務めるなど、農商務分野とは関係が深い。この頃品川は薩摩の松方正義《まつかたまさよし》に反感を持っており、農商務省が「殆んど前田の農商務省、即ち松方伯の出店の如き有様」になっている状況を打破するため、首相の山県から相談を受けた際に陸奥の入閣を支持したという（五月一三日、井上宛古沢書簡）。

五月末、陸奥と品川は前田系の放逐に向けて相談を重ねる。二五日、前田系（「省内彼の党友輩」）にこちらの動きがもれているようだとして、陸奥が早期決行に向けた周旋を求めると、二六日、品川も、その方向で打ち合わせを進めようと応じる。三〇日には、あまりしきりに往来してはよくないということで、陸奥は品川のもとに代わりの者を送った。翌年には閣内で激しく衝突することになる陸奥と品川だが、この頃は良好な関係で、品川が書状で陸奥の激しい言行をたしなめ、陸奥がそれに礼を言うといった一幕もあった（日付欠、五月二五日、五月三〇日、六月七日、品川宛陸奥書簡、五月二六日、六月六日、陸奥宛品川書簡）。

結局前田正名は、五月三一日、辞任する。その他の前田系列の人々も免職となり、原は日記に、「老朽を淘汰せしなり」と記している。

農商務省において、大臣の交代に続いてすぐに次官の更迭《こうてつ》が生じたことは、世の注目を浴びた。例えば六月四日の『東京朝日新聞』は社説でこの問題を取り上げ、「陸奥氏は所謂《いわゆる》自治派にして前田氏は大の保護主義者なり」、と農商務上の保護をめぐる陸奥・前田の主義の違いに起因すると指摘した。明治初年、大蔵省勤務時代の陸奥が生糸などの産業保護の重要性を強く訴えていたことを考えると（第二章2）、興味深い記事である。陸奥は、立志社系の政府転覆計画に連座したことなどを経て、自治や自由、民間の力を重視する立場であると位置づけられるようになっていた。

「剃刀大臣」の由来

よく知られるように、陸奥はその鋭い才気から、世に「剃刀《かみそり》大臣」と呼ばれた。それは、議会対応であるとか、外務大臣時代の対外交渉と結びつけて考えられがちだが、実はこの、農商務大臣就任直後の省内人事と政務処理の時点で、すでに「剃刀大臣」の異名はついていた。

七月一六日の『読売新聞』は、「陸奥農商務大臣は世に称して慧智敏才の政治家とする如く、其慧智敏才に至ては、現内閣の大臣中、氏に過るもの尠《すくな》かるべし」と紹介したうえで、次のように記した。

「前田次官の去りし以来、凡そ二ヶ月余も次官なくして自ら省務を断じて格別渋滞の憂なきのみならず、其事を処するの鋭利なる、恰《あたか》も剃刀の如くなればとて、剃刀大臣の異名を取らるるに至れり」

大臣が次官なしですませられるのならば無理に次官を置く必要はないのかもしれないが、衆議院議員となった陸奥は常に農商務省に出勤するわけにもいかないので、差し当たり省内の誰かを次官の臨時代理としてはどうか、と記事は続く。もっとも、陸奥は「当節次官欠員、百事小生の手許に集り随分多事」と書いており（六月一九日、品川宛陸奥書簡）、余裕があったわけではないようである。

そしてこの記事が出た日、千葉県知事の石田英吉が後任次官になることが決まる。石田は元海援隊員で陸奥が知事を務めていたときの神奈川県にも出仕し、山形獄中の陸奥のもとも訪れていた。一八日の『読売新聞』は石田について、後任候補として名前が挙がっていなかったので意外としつつ、陸奥・石田は坂本龍馬のもとでともに海援隊にありその後も交際は親密とのことなので、今後は大臣・次官の折り合いは円満になるのではないか、と報じた。

第一回総選挙

七月一日、第一回衆議院総選挙がおこなわれる。和歌山県は、一区は陸奥と和田誉終《よしゅう》、二区は児玉仲児、三区は松本鼎《かなえ》と関直彦が当選した。大臣の地位を得た陸奥としては、できれば出馬したくなかったのだが、周囲の要請を断りきることができず、衆議院に議席を有する唯一の大臣となった（六月六日、陸奥宛岡崎書簡）。一区からもう一人当選した和田は、旧和歌山藩士で代言人（弁護士）。児玉系、すなわち陸奥系である。児玉と関については、すでに駐米公使時代の陸奥・児玉間のやりとりのところで触れた。

三区で関とともに当選した松本は前和歌山県知事で、前年末に非職となっていた。この出馬も、陸奥が関与したものである。松本と同じく松下村塾出身の品川から、松本の立候補について尋ねられた陸奥は、まず当選は大丈夫だろうと伝えている。陸奥は、品川など政府内の人々とも連携しながら選挙への対応を図っていた（六月六日、陸奥宛品川書簡、六月七日、一四日、一九日、品川宛陸奥書簡）。

選挙後しばらくして、立憲自由党が結成される。旧自由党系の大同倶楽部、愛国公党、自由党（大井憲太郎、中江兆民らがこの年に結成）、そして九州同志会が合流したものである。この四つが合わさると、総数三〇〇の衆議院において一三〇の議席を占めることとなった。大限重信率いる立憲改進党も、四〇議席を得ていた。つまり民党の側で、過半数の議席を有することとなった。一方、吏党、すなわち政府系・温和派の方は、八〇議席あまりであった。残りは無所属などで、ここに、陸奥および陸奥の影響下にある和歌山の議員たちも含まれる。

農商務大臣として

議会の話に入っていく前に、陸奥の農商務大臣としての活動に触れておこう。農業や漁業、各種産業などが管轄であり、例えば、新設の日本製茶会社に対する二〇万円の補助金下付は、大きな案件だった。それは前任者のときに決まったことではあるが、陸奥は大臣として、翌明治二四年二月に議会で説明をおこなっている。主要輸出品である生糸や茶に関して、複数の業者がまとまって一つの会社をつくり政府が保護・育成するというのは、まさに明治初年に大蔵省時代の陸奥が推進していた政策である。議会でも、そのような趣旨で補助の正当性を説いた。二〇万円下付に伴って命令書が発せられており、日本製茶会社はそれに基づき政府の監督を受けることになっていた。ただ結局、予定の計画が実行されなかったとして同年七月に補助金の返納が命じられ、同社は解散となる（「衆議院議事速記録」、新聞各紙）。

一方、同じく大蔵省に勤めていた頃に関わりのあった富岡製糸場は、払下げの方針が決まった。その内議の途中、とある場で陸奥が渋沢栄一と三井の益田孝《たかし》に一〇万円で買ってほしいと大声で述べ、二人からはまっぴらごめんと言われた、などと報じられている（『読売新聞』明治二三年八月七日）。明治二四年六月、入札がおこなわれる。ただしこれは不調に終わり、明治二六年に改めて入札にかけられた。

明治二三年九月、商業会議所条例が公布され、翌年にかけて各地で商業会議所が設立される。商工業団体としては従来、商法会議所・商工会の二系統があったが、法的根拠を有する公的な存在として強化しつつ、一本化された。明治二四年、三月から四月にかけて、陸奥は二週間ほど、大阪・関西方面に出張する。そのとき、農学校や商業学校、工場、堂島米商会所、大阪株式取引所などを視察するとともに、大阪をはじめ各地の商業会議所を訪れ、演説をおこなっている（新聞各紙、「陸奥宗光関係文書」）。

明治二三年一一月上旬には、足尾銅山の視察に訪れた。次男の潤吉が養子となった古河市兵衛が経営しており、後に足尾銅山鉱毒事件で有名になる。陸奥は翌年、その件について議会で田中正造《しょうぞう》から質問を受けている。もっとも、田中が天皇への直訴という行動を起こし、世間の耳目を引くのは、しばらく先のことである。

第一議会と陸奥

明治二三年一一月二九日に開会した第一回帝国議会（第一議会）において、政府と民党は早速、予算をめぐって衝突する。八三〇〇万円の歳出予算案を提出した政府に対し、民党側は政費節減・民力休養（地租軽減）を掲げ、一割を超える歳出削減を求めた。

憲法の条文の解釈に関しても、対立があった。大日本帝国憲法六七条には、「憲法上の大権に基づける既定の歳出、及法律の結果に由り、又は法律上政府の義務に属する歳出は、政府の同意なくして帝国議会之を廃除し、又は削減することを得ず」と書かれていた。果たしてこれが具体的にどのような意味なのか、議会はこの条文のもとで何を認められ、何を認められていないのか、解釈が定まっていなかった。

明治二四年二月二〇日、大成会の天野若円《じゃくえん》は、憲法六七条に規定されている三つの歳出について衆議院が廃除削減を欲するときは、衆議院としての意見を確定する前に政府に同意を求めるべし、という動議を提出する。これが、賛成一三七、反対一〇八で可決される。旧愛国公党系が賛成に回ったためである。いわゆる「土佐派の裏切り」である。

このとき、政府としてはもちろん、なるべく予算を削減されたくなかった。六七条解釈でも譲るつもりはない。同時に、議会の同意を得て予算を成立させたかったし、解散も避けたかった。第一回の議会であり、諸外国の眼が注がれているというのも大きな理由である。条約改正に向けて、立憲国家として成熟しているところを見せなくてはならないと考えられていた。

民党の側にも、同様の理由から予算成立や解散回避を望む志向はあった。政府と一部妥協してでも、少しでも自分たちの目指す政策の実現を図った方がよいのではないか、という考えもあった。そして板垣退助を擁する旧愛国公党系は、もともと早くから政府との妥協を視野に入れていた。

その間を取り持った、あるいは暗躍したのが、陸奥である。同じく議会工作に従事した法制局長官の井上毅《こわし》は二月二〇日の伊藤博文宛書簡で、「陸奥は板伯との間に密かに骨折居候《ほねおりおり》」と書いている。同じ二月二〇日、自由党の竹内綱から意見書を受け取った陸奥は、首相の山県に書簡を送り、減額の総額を議長が政府側に示すという段取りに同意を求めた。この一連の過程で陸奥が買収工作をおこなったというのは、つとに言われるところである。

二月二三日、衆議院本会議は審議を終え、議長の中島信行は予算議決書と六七条費目の廃減同意要求を政府側に通知した。二六日から、政府と衆議院の特別委員との協議会が開かれる。そして削減額は計六五〇万円ということで落着した。三月二日、特別委員報告は衆議院で可決され、貴族院に回された予算案は六日に無修正で可決された。

3　第一次松方内閣——外務大臣への道

大津事件

明治二四（一八九一）年五月六日、山県の後を受けて松方正義が首相となった。そしてその直後の五月一一日、大津事件が発生する。ロシア皇太子のニコライが、警察官の津田三蔵《さんぞう》に斬りつけられたものである。ニコライは命を取り留めたため、一般的に考えると津田の罪は殺人（謀殺）未遂であって、最高刑は無期懲役（無期徒刑）である。しかしロシア側の反発を恐れた日本政府内では、天皇・皇族に対する犯罪と同視して死刑にしたいという考えが強かった。

そこで、後藤象二郎と陸奥が伊藤のもとを訪れ、金で刺客を雇って津田を暗殺し、病死ということにしてしまえばよいと述べ、そのような無法な処置は許されないと伊藤に叱責されたという。かつては史料上の根拠が曖昧《あいまい》だったが、『伊藤博文文書』所収の文書にははっきりとそのように書かれている。たしかに、後藤や陸奥なら考えそうなことである。結局津田は、通常の謀殺未遂ということで無期徒刑の判決が下った。

この頃まで、明治政府内の有力政治指導者は、まずは伊藤、次いで長州では井上と山県、薩摩では黒田清隆であった。松方も薩摩の重鎮ではあったが、伊藤などよりは格下と見られていた。そして松方内閣が発足した時点で、伊藤、井上、山県、黒田はいずれも大臣を務めていなかった。その他の薩長有力者も、五月に陸軍大臣の大山巌《いわお》が辞任したのに続き、六月、大津事件の責任をとるかたちで内務大臣の西郷従道《じゅうどう》と司法大臣の山田顕義も職を辞する。内閣の統合という点でも内閣と閣外との権力関係という点でも、以降の困難を予感させる船出であった。

内閣政務部長

そこに、六月末から七月にかけて、『朝野新聞』などで伊藤に対する批判や中傷の記事が載る。『朝野新聞』は松方内閣の支援を受けていることが知られていたため、伊藤の側近である伊東巳代治は問題視し、やがて政府系紙の一元管理を図るという話になる。その構想はさらに政務部設置計画へと発展し、その責任者と位置づけられたのが、陸奥であった。

八月、「内閣議決書」と「第一内閣規約」が閣議決定され、政務部が設置された。政務部は、政務部長、すなわち陸奥の下に法制局長官や内閣書記官長、警視総監など若干名の部員を置いて構成される。閣僚答弁の調整、政府系報道機関の統括、機密金の管理といった、民党・議会に対処するための広範な職務と権限を有することとされていた。

伊藤からすると、自らは閣外にとどまりつつ陸奥を通じて内閣を指導・統御するという体制をつくったことになる。他方、陸奥としては、伊藤の威光と政務部長の肩書きをもって内閣で権力行使するという算段である。同時に、いわば伊藤の代理人として行動することで、伊藤の信頼を得ようという考えもあった。陸奥は伊藤への書簡で、この件について、「全く閣下の御助力に依り候義と深く感謝の至り」、「百事御相談仕《つかまつり》度《たく》」と記すなど、繰り返し伊藤への従順な姿勢をアピールし、また助力を求めた。

ただし伊藤は、陸奥と違って、薩長藩閥政府の第一人者でもある。八月一九日の松方への書簡で「陸奥の注意、尤《もっとも》肝要至極」と書いているように、松方にしっかりと陸奥をコントロールしてほしいという気持ちもあったし、薩長体制を敵視する陸奥の挙動を警戒してもいた。

八月下旬、政務部が発足する。しかし、右に書いたような役割を政務部が担うというのは、各省、とりわけ内務省の権限を大きく奪うことを意味する。そこで内務省では、正式に政務部が発足する前からすでに抵抗が始まっており、他省の十分な協力も得られなかった。

結局、政務部は軌道に乗ることなく、九月に陸奥は政務部長を辞任した。伊東巳代治が伊藤に報じたところによると、陸奥が辞表を提出する前の閣内の様子は、内務大臣の品川弥二郎が「そんなに喧《やかま》しく云うならば、足下《そっか》、内務大臣と為て遣《やっ》て見よ」と激し、外務大臣の榎本武揚も「如何に政務部長でも、そう命令ケ間《がま》敷《しく》云われては困る」といった調子であった（九月一六日、伊藤宛伊東書簡）。前年は親しくしていた陸奥と品川であるが、このあたりから、対立が目立つようになってくる。

なおこの月、大臣ということでやはり衆議院議員としてあまり活動せず、前年から問題視されていた陸奥は、議員を辞する。後継として当選したのは、いとこの岡崎（長坂）邦輔である。岡崎家の養子に入ることで、被選挙資格を得ていた。

陸奥の議会対策論

陸奥は九月以降、覆牒《ふくちょう》変更問題をめぐっても閣内でもめている。議会が法律などの改正を要する予算修正をおこなうのを不可とする政府見解を、変更するのかどうかという問題である。第一議会で表明したその政府の立場をとっていると、新規事業に関して予算への組み入れ前に法整備をおこなわなくてはならないといった問題が生じる、という陸奥の主張も一理あった。しかし陸奥は、単に内閣の一員として国政運営上の得失を考えたわけではない。この問題は、議会の権限をどこまで認めるかという話であった。したがって議会の権限を拡張したい陸奥は覆牒変更を求め、内務大臣の品川や内務省はそれに抵抗した。

この頃陸奥は、第二議会に臨むに当たり、衆議院が地租軽減を求め予算を削減すると見て、対策を考えている（「陸奥宗光関係文書」）。一つ目の策は、監獄費国庫支弁と鉄道拡張の予算を用意すること。そうした費目は、地租軽減と同じく地方の利益や負担軽減となるので、そこで取引をしようというのである。

二つ目の策は、あらかじめ甲乙二種の予算を編成しておくことであった。甲の予算は、議会で減額されることを見越して大きめの額とする。そして乙の予算は、もう少し小さい額でつくる。ここで重要なのは、乙もまた、行政機関が十分に活動できるような予算になっているということである。議会に「勝手なる削減」をされては、行政活動が深刻な影響を受けてしまうかもしれない。議会で予算の削減論が出てきたときに、うまく乙の案に誘導できれば、政府としては比較的問題の少ない予算を成立させることができる。さらに陸奥は、予算削減によって生じる余剰金を国庫で眠らせてしまわないため、追加予算を用意しておくことも説いた。

この策を実行する場合に重要になってくるのは、「予め議員の幾部と気脈を通じ」、議会を制する術策をとることである。陸奥は、「此術策は、巧妙にして秘密ならざるべからず」と論じている。陸奥に言わせれば、第一議会の政府の対応は一見これと似ているようだが、減額の限度を議会側と協定しただけであって、政府の思うように議決させたわけではなかった。

情勢を分析し、戦略を練り、事前に手を打つのが、陸奥の考える「術策」である。買収を織り交ぜながらなんとか予算成立に持ち込んだ第一議会時の対応は、術でも策でもなかった。政府に反対する勢力が議会の多数を占めていることがわかっていながら事前に策を立ててなかったから、その場しのぎの駆け引きをせざるを得なかったのである。陸奥は右の意見書の第三策として、特に方針を定めず臨機の処分をすると書いている。もちろん、そういう対応ではいけないという意味である。

一二月一二日、陸奥は伊藤に書状を送り、政府が反対党に対し確定の策略なく「例の「コラプション」を以て議員を誘惑するに過ぎず」、という状況を嘆いている。「コラプション」は買収のこと。まさに陸奥が批判していたような議会対応である。

繰り返しになるが、一連の陸奥の議会対策論は、単に閣僚として政府がどのような行動をとるのが有効かを考えたものではない。議会を政治過程の主要な要素として組み込んでいくことで自身の台頭を図るという打算は働いていた。松方内閣を見限っていくなかであえて閣内対立を辞さなかった面もあるだろう。ただ、場当たり的な買収工作という無策ぶりにはもう耐えられない、というのもまた、策士・陸奥の正直な気持ちだったように思われる。

『寸鉄』

一一月、新聞『寸鉄』が創刊される。主筆は、織田純一郎《おだじゅんいちろう》である。イギリス留学を経て『大阪朝日新聞』に迎えられ、明治一一年に欧米の視察に向かうとき、公使としてアメリカに赴任する陸奥一行と同じ船に乗っていた(『大阪朝日新聞』、*The Washington Post*)。帰国後、陸奥の知己ということで織田と面会した井上馨は「余程深慮ある人」と評価し、織田とのコネクションを固めておくよう陸奥に伝えている（明治二三年一月八日、陸奥宛井上書簡）。陸奥と織田との関係は『寸鉄』発刊の前から世上で取りざたされていて、壮士が織田宅に押しかけ、陸奥から資金提供を受けて言論活動をおこなっている、あるいは家屋を陸奥の紹介で借りたというのは事実か、などと問いただすこともあった（『東京朝日新聞』明治二四年一〇月一五日）。

『寸鉄』は発刊初日の一一月二一日、早速、「近来内閣と黒幕諸公との間、頗る円滑を欠けるの状見るべきなり」などと記した雑報を載せ、伊藤や井上と松方内閣との亀裂を強調した。松方内閣に対する攻撃と、伊藤と松方との距離を広げるような書き方をしている点に、特徴のある新聞だった。

陸奥はすでに、松方内閣の前途やそのなかでの自身の台頭を期待していない。機を捉えて内閣を去り、また松方内閣を倒壊させて伊藤内閣樹立に導こうとしていた。陸奥は、盛んに閣内の対立を煽り、伊藤には政府の先頭に立つよう翌年にかけて繰り返し求めた。

しかし伊藤は、この時点で首相を引き受けたいとは思っておらず、薩長の政治指導者の間に決定的な対立を生じさせるつもりもなかった。陸奥は、伊藤が望んでいない行動をとりながら、伊藤への接近を図ることになった。

そこで、『寸鉄』が利用される。『寸鉄』では、伊藤がしばしば「憲法伯」として言及された。例えば、憲法解釈をめぐって品川と陸奥が争い、まさに内閣が分裂するというところで「憲法伯と称せられたる」伊藤が仲裁して収まった、といった具合である（『寸鉄』一一月二八日）。立憲派の伊藤・陸奥、それと対立する品川、という構図であり、閣内の亀裂を強調し、同時に伊藤と陸奥の立場を近づけてみせる議論である。

陸奥は表向き、『寸鉄』とは無関係を装った。とはいえ、どう見ても陸奥の影響下にある新聞だった。伊東巳代治は、結局決定的な証拠はつかめなかったようだが、伊藤への書簡で繰り返し、『寸鉄』の裏に陸奥がいるという疑惑に言及している。

初の議会解散

一一月末に開かれた第二議会は、予算の大幅削減などをめぐって政府と民党が対立し、松方内閣は早くから衆議院解散を視野に入れる。『寸鉄』は度々、議会多数の信任、そして国民の信任がなければ内閣は成り立つべきものではないとして、解散・総選挙の結果、国民の信を得られなかったならば退陣するよう主張した。明治憲法の、イギリス的、議院内閣制的運用を求めたのである。

一二月二五日、衆議院は解散された。陸奥は前日まで解散不可を強く唱えており、他の閣僚からは内閣を去る口実にしようとしているのだろうと疑われていた。ところが、二五日になって急に、即日解散を主張した。周囲はその豹変《ひょうへん》ぶりに驚いている。

ただ、原敬が残した文書、つまり陸奥側からの説明によると、陸奥はもともと、政府がいまだ意思のあるところを明らかにして議会と真剣に折衝しておらず、また解散後に政府党を得る見通しも立っていないという理由で、解散不可を唱えていた。しかし二五日、解散不同意の考えは変わらないが、あくまで他の大臣が解散を主張するのであれば、いたずらに時機を誤らせてはいけないので今日断行せよと申し出た、としている（『原敬関係文書』）。一応の理屈は通っているようにも見える。

同時に陸奥は、それまでにも何度も、辞職であるとか閣内対立を激化させるような行動をとらないよう、伊藤からくぎを刺されていた。伊藤から直接という場合もあれば、別の人を介してということもあった。解散時で言えば、伊藤は松方内閣と距離を置くため山口におり、伊東巳代治が陸奥の説得に当たっていた。陸奥としては、ここで辞職するよりもその説得を受け入れたかたちにしておいた方が伊藤との関係上得策、と考えたのだろう。

伊藤新党と選挙干渉

衆議院解散後の政治の展開について憂慮する明治天皇から意見を求められた伊藤は、明治二五年一月、政党結成の考えを申し出た。しかし、明治天皇や首相の松方、そして盟友の井上も含め政治指導者内で支持を得られず、孤立気味となる。

そうした状況のなかで伊藤のほぼ唯一と言うべき援軍となり、政党結成計画を強く支持したのが、陸奥であった。伊藤の側も、「陸奥を使用して大に為す所あらんとす」、と政党結成や議会対策の主要人物として陸奥の名を挙げていた（「徳大寺実則日記」）。良識ある人々の政党をつくることで円滑な政治運営をおこなおうという考えの伊藤は、議会・政党の地位や役割を向上させることで自身が台頭しようとしている陸奥とは、考えが異なる。しかしほぼ孤立無援の状態にあって勇気づけられたのと、有力な支持者がいるように見せかけたかったため、陸奥との関係を深め、またその距離の近さを自ら述べた。

伊藤がそうした態度を示せば、もともと陸奥は前年から伊藤への接近を図り、『寸鉄』でも伊藤・陸奥の関係が近いように論じられていたのであるから、周囲から、伊藤と陸奥は同心である、陸奥の行動には伊藤の意向が働いている、と思われるのは当然だった。二月二三日、伊藤・松方ら指導者層が会合をおこなったが政党結成を含む伊藤の申し出への対応は決まらず、伊藤は枢密院議長職の辞表を提出する。ちょうど陸奥たちが選挙干渉問題の追及をおこなっていた頃であり、伊藤の動きもそれと連動しているものではないかと疑われた。

伊藤新党問題とときを同じくして政治過程の焦点となっていたのが、選挙干渉である。二月一五日の総選挙投票日を控え、一月下旬から全国各地で流血を伴う激しい選挙戦・選挙干渉がおこなわれ、その様子は連日のように新聞で伝えられた。先行研究上、何をもって「選挙干渉」と呼ぶのか、誰がどの程度指示したのかといったことについて議論が分かれるが、ともかくも選挙干渉とみなされる事態がいくつも発生した。

それに関して、民党側からの批判に加え、二月下旬、政府内で陸奥と逓信大臣の後藤象二郎が選挙干渉の責任を激しく追及した。そして責任者に当たる内務大臣の品川は、伊藤新党問題や選挙干渉をめぐる松方内閣および藩閥指導者たちの対応に不満を抱き、三月に辞意を表明する。大臣の職に就いていない伊藤たち元勲《げんくん》級指導者を引っ張り出そうとしたのである。結局後藤は留任したが、品川・陸奥はそれぞれ大臣を辞任し、枢密顧問官となった。

農商務大臣辞任の思惑

陸奥は政府内で、進退を賭して選挙干渉の責任を追及した。『寸鉄』も、激しい政府批判を展開した。『寸鉄』はそれにより、二度の発行停止処分を受けている。

他紙でも例えば『東京朝日新聞』は二月二七日、「陸奥農商務大臣が超然主義に反対して政府党組織論を主張するよしはかねて聞くところ」として、さらに陸奥が選挙干渉についても内閣に提出する意見書を作成中であると報じている。陸奥側が流した情報だろう。

もともと陸奥は、選挙において政府・行政の力を使うことに反対ではない。というより、ぜひそれらを利用すべきだと考えていた。しかしながら、このときの干渉はあまりに目立ちすぎた。そして、伊藤新党問題を通じて藩閥政府内で伊藤との結びつきを印象づけたところで、選挙干渉の責任追及という大義名分をもって内閣を揺さぶる、あるいは辞職するというのは都合がよかった。議会勢力とのつながりを有力な政治資源としている陸奥にとって、議会政治への理解や反藩閥性を誇示するのは大事なことだった。

陸奥が選挙干渉の責任を追及した裏には、伊藤新党計画の経緯から、自身の行動が伊藤の意を受けていると見られるという計算が働いていた。とはいえ、伊藤自身との関係が悪化しては元も子もない。伊藤は、選挙干渉問題をめぐって政府内の亀裂が深まったり、その不和が暴露されたりすることは望んでいなかった。枢密院議長の辞意を示したことと、陸奥・後藤による選挙干渉問題の追及が連動しているという見方も否定していた。

そこで陸奥は、選挙干渉の責任追及に関して必ずしも伊藤が望んでいない行動をとりつつ、伊藤や井上、松方の説得を受け入れ枢密顧問官としてとどまった。それにより、二つの物語が併存する余地がつくり出された。一つは、伊藤新党問題、伊藤の辞表提出、品川・陸奥の辞任という諸事件はあったが政府は円満、という物語である。伊藤は政府内外に対してそのように見せたかったと考えられる。伊藤は三月一一日、宸翰を受けるかたちで辞意を撤回した。

もう一つは、陸奥が非立憲的な藩閥政府に抵抗して辞めた、という物語である。陸奥がそのように見せたかったのは明らかだろう。『寸鉄』は、今回の選挙に干渉した者はいずれも免官し、もし大臣にも及ぶならば大臣といえども速やかに勇退すべしとの意見を陸奥が述べ、松方首相なども同意したものの即時実行はできなかったというところで「此上は一身なりとも勇退して意見の一部を貫かん」と陸奥が辞職を申し出た、と報じた。そして「立憲政治的大臣」の代表格である後藤・陸奥のうち、陸奥が去り、後藤もまた去ろうとしている内閣はいかなる性質になるのだろうか、「立憲乎、否らざる乎」、と投げかけた（『寸鉄』三月二四日）。陸奥は、「立憲」という言葉を最大限、政治的に使った人物であった。前年秋頃から農商務大臣辞任までの過程で、陸奥としては、伊藤から信頼を得、政府内で伊藤との協力関係を印象づけ、議会・政党に対しては反藩閥性を示すという三つの目的に、大なり小なり成功したのだった。

第三議会――和歌山議員団の黒幕

農商務大臣を辞任した陸奥は、すぐに東京を離れ、大阪・和歌山に赴く。滞在は二か月に及んだ。

それより先、総選挙の投票日直後の二月一七日、陸奥は児玉仲児と岡崎邦輔に宛てて書状を送り、和歌山の当選議員がそろって上京してくれるとよいと伝えた。三区選出の塩路《しおじ》彦左衛門（彦右衛門）や山本登《のぼる》が他から誘導を受けないうちに「我々の団結」にしっかりと引き入れておき、また後々他県・他党の議員とも連絡をつけていく相談をしたいというのである。この時点ではまだ選挙結果は報じられていないが、当選者は予想がついていた。一区は岡崎と関直彦、二区は児玉である。

陸奥は四月二日に大阪を発って船で和歌山県に入り、湯崎温泉（鉛山温泉）に一〇日ほど逗留した後、田辺（西牟婁郡）、御坊（日高郡）、湯浅（有田郡）、和歌山など各地を巡り、懇親会に出席した。県内の勢力固めをしているのである。西牟婁郡と日高郡は和歌山三区、有田郡と和歌山市は一区である。土地柄や自身との関係性に応じて講演内容を変えており、田辺に行けば父宗広が配流中に親切にしてもらった話をし、有田郡に行けば同郡出身の名士である浜口梧陵や菊池海荘《かいそう》の名を出した（「陸奥宗光関係文書」）。二区は、前述の通り伊都郡・那賀郡で、児玉の地元であるだけでなく陸奥自身も幕末に数年間過ごした縁があり、このときも橋本や高野山を訪れている。

ちなみに、大阪・和歌山での陸奥の動静は、岡崎宛書簡もそうだが、妻亮子への手紙にくわしく書かれている。駐米公使時代を経て陸奥と亮子との関係性もだいぶ変わったようで、陸奥は政治上の事柄も含めて亮子に報じるようになっていた。

陸奥は岡崎への書状で、前述の塩路や山本について、「大体我物にしたり」、「直接間接に生け取」、などと書いている。これまた陸奥らしい、赤裸々な表現である。そして、さらに念を入れ、もし二人が児玉よりも先に上京するようであればすぐさま面会して手なずけるよう指示している。二人が東京で面会する予定の吉川泰二郎（児玉らが滞米中の陸奥に送った当初の候補案で名前が挙がっていた人物）に先回りして会うように、とも書いた。吉川から二人に、「和歌山県議員は五人共必ず一致の運動をすべし、若《も》し議論相合わざる時は、六石の裁決に任すべし」と吹き込ませようというのである（四月一五日、岡崎宛陸奥書簡）。「六石」は、陸奥のこと。「磊々《らいらい》」（心が広く、些事にこだわらないこと）という語にちなんだ号である。陸奥は、自分の影響下に五人の議員団を確保し、有効活用しようとしていた。

四月二七日、陸奥は岡崎宛書簡で、陸奥の様子について政府側の人間に尋ねられたら、「此節は全く閑日月を送り居、和歌山議員の事に付ても格別干渉せず」というくらいに答えておくよう記している。しかしながら、ここまで見た通り実態はまったく異なっていて、陸奥はこの時期、まさに和歌山議員団の黒幕として活動していた。この書簡でも、後藤象二郎や自由党の人々とのつき合い方に注意を促すとともに、ともかく和歌山議員は一団となって「民七官三」の方針で行くよう伝えている。民党寄りだが民党側一辺倒でないというのが大事なところである。第三議会開会前、明確な政府系でも民党系でもない存在として独立倶楽

星亨

部が組織されると、その重きをなすものは「陸奥派」、すなわち和歌山県選出の五人であると報じられた（『東京朝日新聞』五月一〇日）。

二月の総選挙では自由党の星亨が当選し、岡崎らの後押しもあり、衆議院議長に就任する。陸奥は亮子に、「一昨日議長の撰挙も相済、和歌山の議員も能《よ》く相働き、此度《このたび》は、岡崎は余程ほねおり候事と存候」と書いている（五月五日、亮子宛陸奥書簡）。かつて陸奥に世話になったとはいえ、陸奥の手下になったつもりはない星と陸奥との関係は、必ずしも良好なときばかりではなかったが、いずれにしても、深い縁があるのは間違いない。陸奥はまた一つ、議会に有力な手がかりを得た。岡崎への書簡で、議会における諸問題の提起の仕方や大臣の追及方法、ポストの駆け引きについて具体的な指示を出すとともに、「星は政府に向い終始「こわもて」の策を取るべし。決してお世辞を云うべからず。併《しか》し万一の時は融通するの心得第一に候」と方針を示した（五月三日、岡崎宛陸奥書簡）。

つまり陸奥としては、政府を窮地に追い込みつつ、いざとなれば手を差し伸べる構えを見せることで、自身や和歌山議員団、自由党の存在感を高めようと考えていた。しかし実際にはそう物事はうまくいかず、独立倶楽部は早々に政府側の切り崩しを受けた。また衆議院では騎虎の勢いで政府・民党が衝突する。陸奥としても東京に戻ってもうまく立ち回る方策があるわけではなく、関西方面への滞在は五月末までずるずると延びた（五月一九日、岡崎宛陸奥書簡、二二日、亮子宛陸奥書簡）。

外務大臣就任

その後、松方内閣は内紛で収拾がつかなくなり、八月、第二次伊藤内閣が成立する。前首相の松方を除きいずれも元勲級指導者が入閣した、満を持した布陣であった。その伊藤内閣において、陸奥は外務大臣に起用される。『寸鉄』は松方内閣が倒れ伊藤内閣となってまもなく、その使命を終えたことを示すように、廃刊になる。

松方内閣の途中から、陸奥にとって最良のシナリオは、伊藤が内閣を組織し、自身は外相に就任するというものだった。しかし第二次伊藤内閣の成立直前まで、果たしてそれが実現するのか、陸奥は自信はなかったようである。伊藤はなかなか政権を引き受けなかったし、自分に外相を任せてくれるかどうかもわからない。七月一七日、陸奥は息子の広吉への手紙で、当分はこのましばらく時機を待つつもりだと書いている。そして広吉に、イギリスで学業を修めたらいったん帰国するよう勧め、その理由の一つとして、自分が和歌山で持つ

「ポピラルチー」（ポピュラリティー、人気）を相続させたいということを挙げている。陸奥としては、三月から五月にかけて和歌山の地盤を固めたと認識し、またそれを重要な政治資源と考えていたのである。

もっとも実際には、伊藤内閣・陸奥外相という最良のシナリオが現実化し、陸奥はいよいよ、外務大臣として、当時の最大の外交課題である条約改正に取り組んでいく。

第五章　条約改正

1　沿革と陸奥の構想

外務省の陣容

明治二五（一八九二）年八月八日、第二次伊藤内閣が成立した。この内閣で陸奥は念願の外務大臣に就任し、条約改正を「達成」する。もっとも、陸奥宗光、条約改正、一八九四年、領事裁判（治外法権）撤廃、とひとかたまりで語られることが多いためしばしば誤解されるが、明治二七年に領事裁判が撤廃されたわけではない。陸奥が外相を務めていた時点では、イギリスなどいくつかの国との間で新しい条約の調印・批准が済んだのにとどまり、領事裁判制度のない新条約が発効したのは明治三二年である。そしてその時間差は、これから見ていくように、なぜこの時期に条約改正が大きな山場を越えたのかということと密接に関わっている。

第二次伊藤内閣期の日本は、条約改正だけでなく、日清戦争、三国干渉、日清戦後の対露交渉など、外交上の難題を数多く取り扱っている。それは、もちろん陸奥のみの力で処理できるものではなく、外務省(外務官僚、外交官)が支えていた。

省内の主要ポストを見ると、まず次官は、陸奥とは和歌山藩時代からのつき合いの林董である。岩倉使節団からの帰国後、政府のさまざまな職を経て明治二四年、外務次官となっていた。続いて政務局長は、栗野慎一郎《くりのしんいちろう》。林と同年代で、明治日本の代表的な外交官の一人である。明治二四年に総務局と会計局を廃して政務局が新設され、その初代局長となった。そして通商局長は、原敬である。陸奥の外相就任に伴って外務省に移ってきた。

明治二六年、外務省・在外公館の官制が改正され、外交官・領事官試験制度が導入された。それを主に担ったのが、原であった。その年、第四議会において政府は議会に対し行政整理を約束している。そこで、もともと人材確保や在外公館の運用方法について考えていた陸奥・原らは、それを機に、費用の節減と制度改革を同時に達成しようとした(『外交官領事官制度』、『外務省の百年』、『原敬日記』)。

その他、榎本外相時代から大臣秘書官(大臣官房秘書課課長)を務め、陸奥とも旧知の仲であった中田敬義《なかたたかのり》は陸奥に重用され、条約改正草案の起草などにもたずさわった。そしてなんといっても忘れてはならないのが、長年日本外交を支えた外務省顧問のデニソンである。後に外務大臣を務めた石井菊次郎《きくじろう》は、デニソンが日本の外務省に来たことについて、「天が日本の外交に幸いして天降らせたようなもの」と評している（『日本外交秘録』）。陸奥外相期にも、条約改正や日清戦争時の列強との応答などで頼りにされ続けた。

「不平等」条約と法権回復

陸奥が条約改正事業にたずさわるようになった時点で、その最大の焦点となっていたのは法権回復、つまり領事裁判権の問題である。領事裁判は、領事が駐在国（この場合で言えば日本）で自国人の裁判をおこなうというものである。

幕末に諸外国と条約を結んだ当時、日本には西洋的な裁判制度などなく、江戸幕府の者たちはむしろ領事裁判をおこなってもらうのは都合がよいと考えていた。しかし明治維新を経て、領事裁判制度は「不平等」条約の主要な要素と位置づけられ、その撤廃は条約改正事業の中心的な課題となる。

一般的には、「領事裁判権」よりも「治外法権」という言葉の方が知られているだろう。その二つの関係性については、陸奥自身が『蹇蹇録』で説明している。すなわち学理上は、

A国の主権および法律の効力がそのままB国領で適用されるという治外法権と、領事裁判管轄は、明確に異なるものである。そして日本における外国裁判制度は、領事裁判管轄であって治外法権ではない。しかし実際上は、欧米諸国はその他の国や地域に対し、領事裁判管轄をテコに条約に明文で書かれている以上の大きな権利や権限を慣例的に認めさせていた。日本に関しても同様で、本来服すべきはずの日本の行政権に外国人が服さないといった問題があった。そうなると領事裁判制度と治外法権の差は曖昧になり、日本と諸外国との関係性は単に「治外法権」と称されることが多かった。

条約改正交渉の基本構造

明治一五年四月、条約締結諸国との条約改正予備会議において、外務卿の井上馨は、外国人に日本国内を開放するのと引き換えに、法権回復を求めた。内地開放と法権回復の取引、文明国にふさわしい法・政治制度をつくることで条約改正を実現しようという方針である。それは、陸奥外相期を含めその後一貫して日本政府の基本方針となる。

そして十数年後、日本はイギリスとの新条約締結にたどり着く。しばしばその背景として、ロシアのシベリア鉄道建設が重要だったと言われる。ロシアに対する防波堤として日本をつなぎ止めるため、イギリスが条約改正問題で好意的な態度を示すようになった、というのである。

しかしながら、イギリスがそのような漠然とした目的のために自国民の生命・財産に関わる問題で譲歩するとは考えにくい。実際、イギリス側の史料を見ても、そうした考慮が働いた形跡はうかがえない。

イギリスが法権回復を認めたのは、端的に言って、日本が政治・法制度を整備していったからである。もちろん各国の行動には、常に利己的な要素がつきまとう。イギリスを含め西洋諸国は、法制度さえ整えば無条件で条約改正に応じるというほど、公平・公正なわけではなかった。しかし他方で、純粋に、自国民の生命・財産が安定的に保護される制度を求めていたのも事実であった。井上以来の欧化路線は、そうした要請に応える意味を持っていた。

とはいえ、法律や諸制度の整備には時間がかかる。憲法発布は明治二二年、主要法律の施行で言えば、裁判所構成法は明治二三年、民法は同三一年、最後まで残った商法は同三二年であった。日本と西洋諸国の現状には差があり、しかもそもそも交渉ごとなのだから、無条件ですぐに領事裁判撤廃というのは無理があると日本の外交担当者たちは考えていた。したがって、例えば井上や後任の大隈重信は、諸国に対する法典の編纂・通知の約束であるとか外国人の裁判官任用といった内容を含んでいても、妥当な条件の範囲内とみなして交渉をまとめようとした。

ところが、その案に対して政府内外から批判が出る。日本の外交担当者と諸外国が折り合えなかったのではなく、外交担当者が受け入れようとした内容で、日本国内を納得させることができなかったのである。それが、条約改正事業が何度も頓挫した原因であった。明治一九年、難破した船から西洋人船員は脱出して日本人乗客は全員水死し、イギリス領事館の海難審判で船長らに無罪判決が下されるという、ノルマントン号事件が起きる。それ以降、日本と諸外国との関係の「不平等」性に向けられる日本国内の眼は格段に厳しくなった。

明治二三年、第一次山県内閣の青木外相の場合、政府内の合意形成の時点でつまずいた。交渉相手のイギリスは、法典の先行実施という条件はつけているものの、領事裁判は条約実施五年後に撤廃するとしており、その案に満足した青木は修正を加えて協議にとりかかろうとした。イギリスは、日本が法制度を整えるならばそう遠くないうちに法権回復は認めてよいという考えのもと、その「譲歩」を日本側に高く売りつけながら、他の条件において利益を確保しようとしていた。

だが、九月から断続的におこなわれた閣議は、さまざまな条件上積み要求が出て一向に収束しなかった。またも、外務大臣とその他の政治指導者との判断のずれがあらわになったのである。青木がイギリス側に修正案を提示したのは翌明治二四年三月、正式な閣議決定がおこなわれたのはさらに遅く、四月であった。五月六日に首相が山県から松方に代わり、一一日には大津事件が発生し、青木は二九日に外相を辞する。

陸奥の条約改正論――「対等」への着目

青木の後任には、榎本武揚が就任する。そしてこの時期から陸奥は、自分が外務大臣となって条約改正を達成するのに向けて動き出した。

明治二四年一〇月、榎本は条約改正に関する意見書を起草し、閣議に提出した。青木案を踏襲し、その実現を目指したものである。ただ結局、この榎本の提議を受けても松方内閣が本格的に条約改正に取り組むことはなかった。翌年四月に条約改正案調査委員会が開かれたものの、各種問題点の検討をするにとどまる。

その過程で陸奥は、一方で榎本の主張に強く異を唱え、他方で自身の条約改正事業に向けた準備を進めた。一一月、条約改正に着手しようとする榎本を激しく論難し、「榎本位《くらい》の人物にて成就すべき事柄にあらず、到底伊藤伯なり井上伯なり相提携して内閣を組織するの日、僕不肖ながら外交の衝に当り、其事に任ずるの外なし」と冷然と語っていたという（一一月二七日、伊藤宛伊東巳代治書簡）。すでに、陸奥の心が松方内閣から離れている頃である（第四章3）。陸奥はわざと、閣内に亀裂と混乱を生じさせるような言動をとったかもしれない。

陸奥は榎本の提案に対する意見書において、これまで改正事業破綻の原因は国内にあったのであり、それをいかにして乗り越えるのか、と疑問を投げかけた。そして、「積極的に計画するより寧《むし》ろ消極的に立案する」ことを訴えた（「陸奥宗光関係文書」）。今は行動に出るのではなく案を練るべき、というのである。

その「立案」を支えていたのが、原敬である。原はこの年に著した『現行条約意見』において、治外法権とは、開明国による蔑視や強迫に起因するよりもむしろ「彼我の便利」から生じたとして、日本に関しても、もし幕末の開国時と同じ状況ならば治外法権は「必要の性質」を失わない、と記した。しかし、日本は国家全体の開明はいまだ不十分とはいえ公私権は明らかになり、宗教の自由は保障され、法典整備は進んでおり、治外法権を「彼我の便利」や「必要」と認める理由はなくなった、と主張する。そのうえで、国の利益と権利とが両立しない場合は一つを選ばなくてはならず、条約改正および治外法権の問題については、「利益を犠牲となすも権利を得るの覚悟なかるべからず」と説いた。

つまりこの頃までにはもう、後の陸奥外相期の条約改正事業において根幹となる考えは形成されていた。すなわち、法権の完全回復を軸として「対等条約」の締結を図ること、そしてその際の根拠を日本の変化や進歩に求めることである。陸奥が政治活動に利用した新聞『寸鉄』が、「今や僅に対等条約と云えるもの、当時駐米全権公使陸奥宗光氏が墨其西格《メキシコ》国と締結せる日墨条約の一ありて存するのみ」（『寸鉄』明治二四年一一月二二日）と論じていたことからもわかるように、これから条約改正事業を担おうとする陸奥にとって、「対等」というのは最大のキーワードであった。第三議会の前には岡崎邦輔に、和歌山の議員団としては差し当たり対等条約論を掲げておくよう指示している（明治二五年四月一五日、岡崎宛陸奥書簡）。第二次伊藤内閣の成立後、外務省内での検討を経て約一年後、新草案が提出される。

第四議会と娘清子の死

それより先、伊藤内閣が初めて臨んだ明治二五年末からの第四議会は、軍艦建造費など予算をめぐって再び政府と民党が対立する。陸奥が外務大臣になっているからといって、それで議会運営がうまく進むわけではなかった。結局、翌年二月にいわゆる和協の詔勅を発することで解決が図られる。天皇が、政府・議会の和協を求め、政府には行政整理を命じ、内廷費を節減するなどして建艦費に充てるというものである。

条約改正については、二つ大きな動きがあった。一つは、明治二六年二月、内地雑居を是とするかたちで対等条約締結を求める上奏案が、自由党、改進党などが賛成して可決されたことである。これには陸奥が関与しているものと見られており、陸奥が衆議院議長室に入って星亨と密談したとして条約改正上奏案について協議したのだろうと報じられることもあった（『読売新聞』二月一六日）。陸奥はその後、条約改正上奏案で国民・議会の意向が示されたとして、追々その方向で条約改正交渉が進んでいくことを示唆している（『東京朝日新聞』四月二七日）。

そしてもう一つは、一月、自由党の実力者として地位を固めつつあった星が、演説会などで改進党を激しく攻撃し始めたことである。星は、「予《かね》て諸君も御存じの通り、私は全体、改進党は嫌いである」、「私は民党と云ぅ字は大嫌い」とまで述べていた（『自由党党報』、新聞各紙）。それが自由党・改進党間の全面対決に直結するわけではなく、しばらくは星と改進党との争いが続くが、やがてそこから、条約改正をめぐって伊藤内閣・自由党vs対外硬派という対決の構図が生じてくる。

この第四議会中は、つらい出来事もあった。一二月一〇日頃から娘の清子が腸チフスを発症し、その他の症状も出て、一月三日に亡くなったのである。享年二一。縁談なども本格的に考え始めていた矢先のことだった。妻の亮子は日夜看病し、ときには陸奥も徹夜でそれに寄り添っていたらしい。娘の死に亮子の落胆ぶりは大きく、陸奥にとっても、傷心の日々となった（一二月二八日、一月四日、二月九日、広吉宛陸奥書簡）。

関連する諸交渉

陸奥の条約改正事業が本格化する前に、明治二五年中からいくつか、関連する交渉がおこなわれている（以下、『日本外交文書』、『条約改正関係日本外交文書別冊　条約改正経過概要』）。例えば、前任の榎本外相期に中米のニカラグアから条約締結を持ちかけられており、引き続き進められた。対等条約である日墨修好通商条約を基礎とするということで、日本としては望ましい話であった。しかもこの頃日本では、パナマ運河建設が頓挫してニカラグア運河の方が有力と考えられており、ニカラグアは世界の交通の要衝になると見られていた。第二次伊藤内閣発足時、「新内閣劈頭《へきとう》第一の議案はニカラグワ条約案なるべし」などと報じられている（『読売新聞』八月一一日）。

明治二六年には、同じく中米のグアテマラからも条約締結の打診があった。両国とも労働力として日本人移民に期待しており、またメキシコのときと同じく、先方の担当者が条約締結の功を挙げることを欲していた面もあったようである。日本の駐米公使に接触してくるというところも同じである。ただしいずれも、相手国内の政変や日本側の公使交代などで条約締結の話は立ち消えになった。

その頃、ブラジルもまた日本人移民への期待から条約締結の意向を示しており、これは最終的に、成立にまで至る。明治二八年一一月、パリで両国の駐仏公使が調印し、同三〇年二月、批准書の交換がなされる。日墨修好通商条約を基礎とし、それにアメリカとの新条約の規定を取り入れたものであった。

さて、すでに日本と条約関係にあり、多くの日本人移民が渡っている先と言えば、ハワイである。そのハワイから明治二六年一月、領事裁判権を放棄するとの申し出があった。ハワイではその直前、革命が起きて暫定政府が樹立されており、日本の好意を得るための措置だと考えられた。もっとも、日本側はそうした政治的意図には注意をはらいつつ、あえて申し出を断る必要もないので、翌明治二七年四月、受諾を表明する。ハワイ側は、領事裁判権の放棄に加えて、関税自主権の回復も認めた。日本はハワイ国民に対して、内地を開放した。

またもう一つ、やや大きな話として、ポルトガルの領事裁判権廃棄問題がある。榎本外相時代、ポルトガルが日本駐在の一等領事（外交官専任領事）を引き揚げ、日本側の度重なる要請や警告にも応じなかったため、明治二五年七月、日本は日葡間の条約の領事裁判権に関する条款は無効に帰したとする勅令を発した。陸奥はこの問題を引き継ぎ、ポルトガル側が、改めて領事を任命するので勅令を廃止して領事裁判権を復活させてほしいと申し出てきたのを拒むなど、強硬な対応をとって押し切った。

もっとも、以上のように関連する折衝がいくつかあったとはいえ、条約改正の本丸は、イギリスなどとの交渉である。その事業は、明治二六年七月に本格的に始まる。

陸奥草案の内容

明治二六年七月五日、陸奥は新たな条約改正草案を内閣に提出した。陸奥によれば、井上馨以来の案はみな、他日純然たる対等条約に至るまでの一時の階梯に属するものであり、その種の案はすでに世論の排するところであった。したがって、多少歩を進めたとしても性質が同じであれば再び挫折する恐れがある。そこで陸奥は、従来の行きがかりを一掃して一新局面を開くことが必要だとして、今回自分が提出する案はそうした系統を一変した「純然たる互相均一の基礎を以て成りたる対等条約」であると位置づけた（『日本外交文書』）。

内容は、調印後数年経ってから実施、領事裁判を撤廃、相手国民に内地を開放し身体財産の保護や居住・旅行その他各種権利を認めるが土地所有権は認めない、居留地は日本市区に編入、関税については新たに定める普通税率および主要物品に対する約定税率によって課税する、というものである。日本が進める立法・司法上の措置に関する保証は、おこなわない予定だった。交渉方法については国別談判かつ遣外公使による交渉で、イギリスから随時交渉を進めていき、最終的に各国同一の日に新条約を発効させようとしていた。

つまり陸奥外相期の条約改正事業は、条文の内容や交渉方法を見れば、それまでの延長線上にあった。内容に関しては、すでにイギリス側は新条約下で一定期間を経た後に法権を回復することを認めており、現行条約が数年間存続した末に法権を回復するという陸奥の案と実質的に大差はなかった。法権回復と内地開放を組み合わせる考えは、井上期以来の既定路線である。また、普通税率を制定して賦課《ふか》し、重要物品については協定税率を定めるというやり方での部分的な税権回復案は、榎本外相期に伊藤が主張したものだった。その他、法典編纂保証や外国人の土地所有などの問題は、青木外相期までに一通り検討され、実際にどの程度日本側の要求が認められるかは、相手国との交渉如何にかかっていた。交渉方法についても、国別談判方式は、大隈外相期におこなわれている。日本国内ではなく相手国において交渉することも、元外務卿の寺島宗則から指摘があり、榎本外相期の方針となっていた。まず最重要相手国のイギリスと交渉をおこなうというのも、青木が実行していた。

陸奥草案の論理

他方で、提案内容の説明の仕方は、画期的だった。陸奥は、井上以来の案はみな階梯式であったが、自らの案はそうした系統を一変した「純然たる互相均一の基礎を以て成りたる対等条約」だと述べた。この主張が、新しかったのである。

陸奥の前任者たちは、一躍完全な対等に至るのは願わしいが不可能、と説いていた。明治二四年三月、政府の条約改正における方針は一時《いっとき》に裁判権と税権の全部を回復しようというものか、それともまずは幾分かを回復しようというものか、という議会での質問に対して、青木外相は政府方針が後者であることを認め、次のように述べた。「一時と申すことは甚だ願わしく、為し遂げたい仕事であります、けれども凡《およそ》此の大事業を為すに当りましては、順序を経てなさねば当局者は甚だ困ります」（「衆議院議事速記録」）。榎本も、一気に完全無欠の対等条約を結ぶなどというのが実行不可能であることは、現状を理解している者はよくわかっているところだと記している（『日本外交文書』）。継続や漸進、そして可能な限りの対等を目指すというのが常道とみなされ、それまでの系統を一変する、一躍完全な対等に至る、といった主張は負の響きを持つものとして捉えられていた。

ところが陸奥は、草案提出後の七月八日におこなわれた閣議において、数年後に発効する対等条約と過渡時代のための条約のどちらを締結するのか、と問い、対等条約締結を政府方針とすることに成功した。政府が求めるのは対等条約なのか過渡時代のための不十分な条約なのかというかたちで単純化して問うことで、「対等」を正のシンボルにしたのである。

その場合に必要なのは、前任者たちのように、なぜ満足な結果に至らないかを真摯に語ることではなく、これこそまさに目指すべきもの、と言い切ることであった。同日の閣議で文部大臣の井上毅は、「対等」を前面に押し出す陸奥の論法に疑義を呈した。税則については日英同一にならないのであって、それを対等条約と称するのは実態にそぐわず、誇大の言を用いるのは有害無益だ、というのである。陸奥はその意見を忠告としては容れつつ、西洋諸国間の条約でも税率の違いや約束税目の規定はあるが、それで非対等とは言わないとして、ある物品について約束税目を設けてもいわゆる対等主義はまったく傷つけない、と述べた(『伊藤博文文書』)。

とはいえ、外交のあり方について、陸奥が特殊な考えを持っていたわけではない。一躍完全な対等に至るのは願わしいが不可能、という青木や榎本の主張の背景には、文明国として外交をおこなうのであれば、一方的に自らの立場を主張するのではなく相手方の利益を満たさなければならない、という外交観があった。それは、陸奥や首相の伊藤も共有するところである。内閣成立直後の府県知事に対する演説で、伊藤は「近代の国際法においては相互利益を均等にするを以て通理とし」と述べ、陸奥も、「此程《このほど》総理大臣が演説せられました通り、国と国との相交わるには相当の権利を我れに取る以上は又相当の義務を我れ負わざる可からずと、是れは至当の事にして、国と国との交際も、大抵恰も一個人相互の間の如きものであります」と論じていた(「陸奥宗光関係文書」)。

陸奥案では、条約全体だけでなく改正税目も数年後に実施するとしていた。関税の改正は、手に入る可能性が高くわかりやすい利得であるから、当然、七月八日の閣議で税改正は調印即時におこなうようにとの異論が出た。しかし陸奥は、それは談判上得られるかもしれない利潤として当局者へ一任し、提出案準拠で閣議決定するよう求めた。治外法権や条約全体の対等性をめぐって列国に大幅な譲歩を求める以上、それに対する見返りが必要だと考え、改正税目実施を即時としなかったのである。

また、国別談判方式は大隈外相期にもおこなわれたと前述したが、その方式を用いる理由は異なっていた。大隈期に国別談判をおこなったのは、短い期限を設定して個別に同時並行で交渉することで各国間に焦りを生じさせ、日本の要求を通りやすくするためである。しかし陸奥外相期の場合、国別談判は円滑な交渉を支える手段であり、各国の利益や国内政情、交渉経緯などが異なること、そして遣外公使による交渉という方式に半ば必然的に付随するものだった。伊藤や内務大臣の井上馨はイギリス以外の国、特にドイツについても同時に開談するべきではないかとの懸念を繰り返し示したが、それも日本の条件闘争に有益だからではなく、イギリスとの交渉ばかりが突出することで反発が生じるのを恐れたためだった。

合意形成の手腕

「対等」を中心とする陸奥の立論は、閣内・政府内の合意形成において狙い通りの効果を発揮する。それまでの明治政府の条約改正事業は、積み上げ式で少しでもよい条件を勝ち取ろうとしていた。そのため、条約案の立場が明らかになった途端、よりよい条件であるべきとの主張が生じて収拾がつかなかった。それに対し陸奥は、おおむね批判に耐え得る案を作成したうえで、「対等」という原則を設定してそれを軸に論ずることで、そうした際限のない上積み要求の連鎖を断ち切った。

また第二次伊藤内閣は、それ以前の内閣に比べて閣内における首相の地位や権力が強固であり、伊藤首相のもとでよく統制されていた。条約改正をめぐって、草案・修正案の決定などの際に伊藤内閣は何度も閣議をおこなっているが、紛糾して決定が先延ばしになることはなかった。閣内には、主管大臣の陸奥は日常的に、あるいは閣議前に伊藤その他の閣僚に情報を提供し、閣議で決定された方針に従いつつ自己の裁量で職務を遂行、関係閣僚は必要に応じて協力する、という流れができあがっていた。そして、政界の第一人者である伊藤が組織し、元勲級指導者の大半も入閣もしくは支持している内閣が不退転の覚悟で条約改正に臨もうとしている以上、それを妨害する声が藩閥内で表立って上がることはなかった。

伊藤や井上、山県有朋といった重要人物に対する陸奥の配慮もきめ細かかった。長年第一線で外交にたずさわり、それまでの改正事業の経験を基にさまざまな助言を寄せる伊藤や井上に対して、全般的に政治上の立場が近い陸奥は、ときに意見の衝突はありながらも二人を頼りにしている姿勢を見せた。特に伊藤に関しては、「どこまでも表面に伊藤公を立てるを最も妥当と考え〔中略〕改正案に附随する協定税率案の如きも、特に之を伊藤案と言わせた」という（「故陸奥伯の追憶」）。さらに陸奥は、山県に対しても事前の説明や通知を注意深くおこなった。例えば陸奥が条約改正の「関ヶ原」と位置づけた明治二七年五月一八日の閣議前日には、陸奥は自身で山県に書簡を送るとともに、伊藤にも山県に書簡を送るよう頼み、山県に閣議出席と助力を求めている。

情報管理

情報管理も徹底していた。条約案の内容や交渉経過が世上にもれることを警戒する陸奥は、政府内で安易に草案を渡さず、ただそれを見せて説明し、草稿は持ち帰るのだと語っていたらしい（『後は昔の記他』）。それまでの条約改正事業の経過を研究して得た教訓であった。陸奥自身、後に雑誌『世界之日本』に載せた文章で、枢密顧問官から条約改正の進行状況を尋ねられたときにどのように対応したかについて、次のように記している。

「淡然一事をも隠蔽するなきが如く、其の談判の模様、若《も》くは当時の成行《なりゆき》等につき縷々《るる》説明し、殆ど数時間其口を閉じざることあり。然れども、其の胸秘に属する、所謂外交上機微の秘密に至ては、如何なる場合においても之を洩露せず。故に彼と長時間対話の後にて、果して彼は如何なる外交上の秘策を以て此の重大事件の談判を結了する積りなるやは、何人も之を推察する能わざりし」（「諸元老談話の習癖」）

何も話せない、と言って隠すのではなく、むしろそれらしいことを滔々《とうとう》と語ってけむに巻く戦法である。

明治二六年一一月、枢密院での会議の際に各枢密顧問官に配布した案文は、その場ですべて回収された。それは、先ほど書いた山県への根回しというところとも関係していた。中田敬義は、陸奥と枢密院議長の山県との間に十分了解があって計らわれたと述べている（「故陸奥伯の追憶」）。枢密顧問官の佐々木高行によると、当日は伊藤と陸奥が説明をおこない、議長の山県は、「大に差急ぐ旨」であった。条約案の内容も十分に把握できないまま、会議はわずかな時間のうちに賛成論へと傾く。個条書を熟読したいと望む者は、その旨を申し出、翌日なんとかその機会を得たという（「佐々木高行日記」）。山県が、速やかに政府案を支持する方向で議事進行を図っていたことがわかる。

2　条約改正の達成

対英交渉開始

明治二六（一八九三）年七月八日の閣議において、陸奥外相の要請通り、数年後に発効する対等条約を締結する方針が決定され、イギリス・ドイツ・アメリカの意向を探索したうえでイギリスから交渉をおこなうこととなった。七月五日草案は各条に対する閣僚の意見を参考にして素早く修正され、明治天皇の裁可を得た。そして英独の意向を探るべく、駐独公使の青木周蔵に政府の方針が伝えられる。一一月一三日に青木とイギリス側とのやりとりや青木の意見を踏まえた修正が閣議決定され、二二日、青木を駐英公使兼勤としてイギリスとの交渉を開始することが決まった。

このように、国内の合意形成は順調に進んだように見えるが、この時点ですでに、陸奥の当初の計画は大きく変更されていた。まず、青木は、当初の日本案ではイギリス側は賛成しないだろうとして、法典実施の保証と居留地処分の問題について、日本政府に再考を求めた。他方、税則については条約批准後直ちに効力を持たせるべきと意見を述べた。日本としては早く実行すればそれだけ収入が増える。また結果的に新条約実施と同時になるにせよ、一般的に、交渉において初めは条件を高く提示しておく方が得である。

そういったことは当然陸奥もわかっていたが、

青木周蔵

それでもなお、新条約実施時の税改正にこだわっていた。一〇月二五日の青木宛公信において陸奥は、今回の案は従来の系統を一変して「対等互相の主義」によって立案したものなので、その提議に相手方を同意させるには「一の相当なる報酬」が必要だと考えたと説明している。そして、日本の提出案としてはやはり新条約実施時の税改正実行としておき、諸国に今回の案が「寛大公平なる精神」に基づいてつくられたことを理解させたいと伝えた（『日本外交文書』）。税関係の改定を数年間延ばすと示すことで、締盟国に一方的に負担を強いるつもりはないと訴えかけようというのである。しかし結局、一一月の修正で日本は即時税改正を求めることになった。

七月の時点で陸奥が自ら、交渉相手に提供する唯一とも言える譲与だと認めていた条件が変更される以上、七月五日草案の構造は大きく変化してしまう。日本政府は法典保証について早々に折れ、法典実施がなされていなければ条約実施一年前の通知はおこなわないと外交文書で約束することを、一〇月中に許容していた。また居留地処分に関するイギリス側の懸念への対応として、永代借地権の維持を明記することになった。

国内情勢

その頃、日本では議会が始まる季節である。対外硬派（硬六派）は、条約励行を中心的な主張とするようになっていた。条約で明文規定として外国人に与えられている以外の権利を認めないことで不便を感じさせ、条約改正の圧力にしようという方法である。そのようなスローガンを掲げることで、もともと内地雑居に賛成である改進党と、非内地雑居論のその他の勢力が手を組むことができた。各派横断的な政治結社である大日本協会が設立され、条約励行論が盛んに唱えられる。

このとき、政府は条約改正に向けた取り組みについて、国内で情報発信をしていない。前述の通り、閣内および有力者に対しては情報共有と説得に力を尽くした陸奥であるが、議会や政党、国民には丁寧な説明はおこなわなかった。草案を準備し、イギリス側との下交渉から本交渉に入ろうかというところであり、国内で騒ぎ立てないでほしいというのが本音だった。国内の対外強硬論はときに外交交渉上の援軍になることはあるが、ここでの陸奥にとっては、悩みの種である。

一方自由党は、星亨をめぐって揺れていた。星と改進党などとの非難の応酬は激しさを増し、第五議会が開かれてすぐ、収賄疑惑などを理由に星に対する議長辞職勧告決議がなされる。それに星が抵抗したため、今度は不信任上奏案が可決される。もともと星の強引な党運営に反感を持っていた者が少なからずいた自由党内でもこれらに応ずる動きがあり、一部議員が脱党する。総理の板垣は星を擁護していたが、かばいきれなかった。

星は、不信任決議や出席停止の処分を受けてもなお抵抗し、議長席に座り続けた。ただ結局一二月一三日、議員除名の決議がなされ、星は衆議院を追われる。

大演説

一二月八日、衆議院で条約励行建議案および関連法案が提出された。硬六派は、自由党、そして伊藤内閣を相手どって攻勢に出ている。それに対し陸奥は、「政府は此際、断然其維新以来の方針たる開国主義を発表し、勉めて其国是に反対するところの非開国主義を撲滅鎮圧するの手段を執らざるべからず」と論じ、以下の手段を実行するよう求めた（「陸奥宗光関係文書」）。まず、法案が議事日程に上るに当たり、停会する。次いで停会明けに、該法案は国是に反し内外交渉に悪影響を及ぼすため、撤回するよう宣告する。そしてそれに従わないときは議会を解散する、というものである。停会論がすぐに認められず陸奥が辞表を提出し、伊藤にたしなめられるという一悶着はあったものの（一二月一一日、陸奥宛伊藤書簡）、伊藤内閣はその後、陸奥の意見に沿った対応をとる。

この頃、日本国内で外国人が殴打されるなどの事件が起き、外国人たちの間で、日本の排外主義的風潮に対する懸念や批判の声が高まっていた。ある日のフランス公使との会話では、陸奥は、相手が不満を述べようとしたところで先手を打って、あなたは滞日経験が長いのだからこれが一時的な反動だということはわかるだろう、と述べたという。そのとき陸奥は、ある時機に至れば日本政府はそれを決して捨て置かないとも言っている（一二月一五日、伊藤宛陸奥書簡）。これは、フランス公使を納得させるためのその場しのぎの方便ではなく、陸奥が本当に決意していることであった。

一九日、条約励行建議案の審議が始まりそうになったところで、伊藤内閣はそれを阻むべく停会させた。そして停会が明けて一二月二九日、陸奥は大々的に、条約励行論を批判する演説をおこなう（「衆議院議事速記録」）。

陸奥は、明治の初めに国是の基礎として開国主義が採用されたというところから説き起こし、条約励行建議案および関連議案に表れている精神を強く非難した。陸奥によれば、日本は明治維新以来、欧州各国の人民や政府が驚嘆するほどの進歩を遂げ、それでも満足せずさらに改革進歩の気象を見せており、それらはみな、天皇が国是を定め、政治指導者たちが輔翼し、国民が勉励して開化した結果だった。ところが、条約励行建議案の精神は、維新以来の国是の基礎である開国主義に反し、「進んで取るの精神にあらずして、寧ろ退いて守るの気象を顕わすもの」であるとして、陸奥はその精神を、攘夷鎖国的気象や旧幕時代の外人遮断主義と結びつけて論じた。

そして「無礼なことを言うな」などと議場から野次が飛ぶなかで陸奥の演説は続き、最後は以下のように締めくくった。

「最後に本大臣は政府を代表して言う。到底彼の条約励行、若《も》しくは其他之《これ》に附随する所の議案は、維新以来の国是に反対し、政府は此《この》国是を阻格するものに対しては、之れを排斥するの責任あるが故に、苟も斯の如き議案の議場に提出せらるるに当っては、之を論駁《ろんばく》することにおいて寸毫も仮借せぬのであります。故に、茲《ここ》に政府が外交上の方針を宣べて以て諸君の反省を求むるのである」

陸奥としてはこの演説で、日本の開国主義の方針を国内外に向けてアピールしたのである。前日、議会が秘密会になるとの報道を目にした陸奥は、それでは自分の演説の意味がない、と書いている（一二月二八日、井上宛陸奥書簡）。政府は一二月三〇日、議会を解散し、大日本協会は解散を命じられる。

陸奥の議論と自由党

陸奥は議会での演説において、条約改正に関する論争の構図を、開国進取と鎖国攘夷という二項対立図式に単純化し、プラスのシンボルである開国進取に伊藤内閣を位置づけた。第一次松方内閣期にも見たように、そうした言論戦術は陸奥の得意技だった。首相の伊藤は、自分がリーダーシップをとるかたちでの挙国一致を志向しており、各勢力の対立を利用するよりは調和を図りたいと考える人物であった。しかし条約励行論は否定せざるを得ず、総選挙後の第六議会では、「対等の条約を結ぼうと云うことと非内地雑居と云うことは、両立の出来ることではない」と答弁する（「衆議院議事速記録」）。流れのなかで、伊藤はやむなく対立を強調するような言明をすることとなった。

一方自由党でも、一二月二七日の演説会や第五議会の総括において、対等条約、そして国是たる開国進取を追求する自由党、攘夷精神を持ち内地雑居を恐れる条約励行論者およびそれに加担する改進党、というかたちで論じられた（自由党『党報』）。条約改正に関して自由党の方針は伊藤内閣と近く、改進党や対外硬派と対立する関係にあった。どちらも、星亨が早くからそうなるように仕向けていたことである。星は衆議院を除名され、自由党も離れることとなったが、星の路線自体は、自由党内で継承されていた。

ただしこのとき、伊藤内閣と自由党の協力関係が明確に築かれていたわけではない。第四議会では、前述の通り、自由党を含む議会（民党）と伊藤内閣が予算をめぐって対立したからこそ、和協の詔勅を発するという事態になった。第五議会以降も、伊藤内閣に協力するか、民党の一員として振る舞うか、自由党の方針は定まっていなかった。あくまで、条約改正問題に関しては、伊藤内閣と同じ側に立って条約励行論を批判していたのである。

交渉経過と政局の混迷

さて、条約改正をめぐるイギリスとの交渉は難航した。交渉途上においては、日本国内の外国人襲撃事件や排外主義的運動が問題視される。伊藤内閣はそれらを抑え込み、イギリス側に対しては、排外主義は一部の人々の動きであって政府としても厳しく取り締まっていると強調したが、その都度弁明に時間が費やされた。明治二七年二月には、条約励行論を擁護するような貴族院議員の意見書を弁駁《べんばく》した伊藤の回答が、条約廃棄の可能性に触れた文言があるとしてイギリス側の追及を受け、これもまた交渉遅延の要因となる。

日本国内では、三月一日に総選挙が実施される。自由党は解散時から四〇増の一二〇議席、硬六派の中核を担った国民協会は半減して三〇議席ほどとなった。この時点で伊藤内閣と自由党が公然と提携していたわけではないものの、対等条約・開国進取という共通の目標を持つ伊藤内閣・自由党の勝利だった。国民協会は西郷従道を会頭、品川弥二郎を副会頭として設立されたもので、もともとは藩閥政府系なのだが、条約改正をめぐって伊藤内閣と大きく意見を異にしていた。

ただ、総選挙後、生粋の民党でそもそもは内地開放に反対ではない改進党が対外硬派の中心となり、条約改正問題は、「藩閥政府／民党」、「伊藤内閣／反伊藤内閣」といった枠組みのなかに落とし込まれるように論じられる。条約改正に関していかなる立場をとるかという単純な構図でないと、自由党が明確に伊藤内閣と共同歩調をとるのはむずかしい。星も、選挙では再び当選したものの、自由党における勢力は回復できていなかった。

争点も枠組みも錯綜するなかでやや偶発的に、内閣を指弾し不信任を表明した上奏案が可決され、第六議会は六月二日に解散となる。その日の閣議では、衆議院解散とともに、内乱が発生していた朝鮮への派兵も決まり、それはやがて日清戦争につながる。朝鮮情勢をめぐる日清の軍事的緊張という新たな問題が発生したことで、ますますイギリスとの早期交渉妥結が求められた。

そうしたなか、日本側にとって譲歩と言うべき修正が繰り返される。例えば、条約期限は日本側の当初案では七年だったのが一二年になり、開港間貿易を認め、帽子や精糖を協定税目中に含めた。もともとそのあたりが相応の妥結点だったとも言えるが、日本政府や陸奥が焦りを募らせて譲歩した部分も大きい。

日英通商航海条約締結

以上のような経過をたどりながらも、なんとか七月一六日、ロンドンで日英通商航海条約の調印にこぎつけ、八月二五日に東京で批准書の交換がおこなわれる。領事裁判が撤廃され、最恵国待遇が双務的になっているとはいえ、条約の施行期日や存続期間、法典編纂保証、関税自主権の問題など、対等条約になっていないと批判しようと思えば批判できる部分は少なからずあった。そして、九月一日実施の総選挙において自由党は議席を減らし、対外硬派は依然相当数の議席を有していた。しかしながら、すでに日清戦争が発生しており、条約内容をめぐる日本国内の追及は盛り上がらなかった。

日英間の交渉がまとまった後、一一月に日米通商航海条約が調印され、以降、一二月にイタリア、翌明治二八年六月にロシア、同二九年四月にドイツ、八月にフランス、同三〇年一二月にオーストリアとの間で新条約の調印に至る。その他の国との条約締結も、明治三〇年までに終えている。並行して、国内の法典整備・施行も進められた。新条約の発効は、日英条約の調印から五年後の明治三二年である。関税自主権の回復はさらに一二年後、桂《かつら》太郎首相・小村寿太郎《こむらじゅたろう》外相の時代に持ち越されたものの、ここでひとまず、ついに条約改正は実現した。

条約改正と陸奥

明治政府が長年取り組んできた条約改正事業の歴史のなかで、陸奥が果たした役割はどのように評価できるだろうか。まず、最重要の交渉相手であるイギリスとの間で新条約締結に至ったというのは、陸奥外相期以前には見られない大きな成果だった。

もっとも、対英交渉という点では、陸奥の貢献はあまり大きくなかった。明治二六年から翌年七月の調印にかけて、日本側でイギリスとの条約改正の内容を最も左右する立場にあったのは、交渉担当者の青木である。その青木が念頭に置いていたのは、外相時代に経験したイギリスとの折衝の延長線上で、落としどころを見つけることだった。青木は、陸奥の用意した草案がそれまでの系統を一変した優れた案であるなどとは思っておらず、本国からの指示にも頻繁に抵抗したが、青木ほど条約改正についての知識と経験、交渉能力を持つ人物は、日本には他にいなかった。陸奥はひたすら、青木とイギリス側の双方に対し、早期の談判開始と妥結を働きかけた。

陸奥の手腕が重要な意味を持ったのは、国内対応の面である。繰り返し述べているように、条約改正事業が何度も頓挫してきた原因は、列国の側よりも日本国内にあった。外務大臣就任前からそのことに気づいていた陸奥は、国内の批判を封じるため、目指すべきは対等条約であり、今回の自分の案は従来の系統を一変した「純然たる互相均一の基礎を以て成りたる対等条約」だと論じた。条約草案をつくる際に「対等」という外観を損なわないよう配慮されていたとはいえ、実質的な内容は従前のものとそれほど変化はない。陸奥の議論は、良く言えば巧みな合意形成術、悪く言えば、まやかしか強弁であった。

そうした陸奥の立論と、有力政治指導者との緊密な連携は、政府方針を統一するのに大いに寄与した。また、議会・政党に対してはまともな説明や説得をおこなわなかったが、明治政府は開国主義をとるのだと言って条約励行論を強く批判し、排外主義を取り締まろうとする陸奥の姿勢は、首相の伊藤や内務大臣の井上、対英交渉に当たっている青木から支持されていた。彼らは、文明国の一員としての日本を建設し、それにふさわしい外交をおこなうべきであるという共通の認識を持っていた。

大国を相手に策を駆使して条約改正にこぎつけた、というのが一般的な「陸奥外交」のイメージだとしたら、残念ながら、そのような事実はない。陸奥の寄与は、もっと地味である。しかしそれは、誰が外交を担当しても結果は同じだった、ということを意味しない。イギリスとの新条約締結まで内閣が内紛を生じさせることなく持ちこたえたというのが、直接的には条約改正達成の最大の要因であり、そこにおいて、陸奥の働きはまぎれもなく、必要不可欠であった。

陸奥のいとこの岡崎邦輔は、後に次のように語っている。

「世間では、頗る陸奥を誤り伝えて居る。陸奥は咄嗟《とっさ》の間に起る問題を、電光石火の如く裁決して、何等の思慮を費さず、何等の予備を有せざるものの如く考えて居るが、決してそんな当って砕ける主義の野猪漢ではない。彼は如何なる場合にでも、出来得る限りの考慮を回らして、為し得る限りの準備を怠らなかった。〔中略〕生前彼の知遇を得ていた林〔董〕外相は常に余に謂って、陸奥が馬関《ばかん》の〔日清戦争の〕媾和談判はなお学ぶべきも、其条約改正当時における周到精密なる陣立に至っては、到底企及し得べからざるものであると嘆賞して居る〔中略〕世間は彼が剃刀大臣たる事を知って、未だ斯くの如く精到なる一大思慮家たる事を知らぬ。而《し》かも彼が隠れたるこの半面は、其生涯を装う全歴史の骨髄である」（『東京朝日新聞』明治四〇年一〇月二四日）

本書末尾で触れる通り、即断即決、快刀乱麻ではなく、研究と準備こそが陸奥の真骨頂であるというのは、息子の広吉も述べている。そして条約改正は、外務次官として陸奥を支えた林董の右の言にあるように、まさにそうした陸奥の特性が功を奏した取り組みであった。

第六章　日清戦争

1　開戦

日清戦争と陸奥

陸奥宗光と言えば、明治日本の積年の課題である条約改正を達成し、日清戦争の難局を巧みに乗り切った外交指導者として知られる。その冷徹な現状認識と外交手腕は、「陸奥外交」として名高い。

戦前、外務省の正面には、陸奥の銅像がそびえ立っていた。建てられたのは明治四〇（一九〇七）年、第一次西園寺公望内閣・原敬内務大臣の時代という背景はあるものの、陸奥は、国家最高の外交指導者と位置づけられていたのである。陸奥像はその後太平洋戦争中に金属回収のため撤去されるが、昭和四一（一九六六）年に再建され、現在も外務省に置かれている。

陸奥の外交の巧みさというのは、例えば、周到に手を打ち、大義名分を失わないようなかたちで清との戦争に持ち込んだことに求められる。『蹇蹇録』には、外交上は被動者の位置を占めつつ軍事上は常に機先を制そうとした、大鳥圭介《おおとりけいすけ》駐朝鮮公使に対し平和的対応といざというときの臨機の処分という表裏二個の主義を含む訓令を授けた、日本の共同朝鮮内政改革提案を清が拒むのはわかっていた、などと書かれている。あたかも、事態が陸奥の想定通りに動き、事前に用意していた策がことごとく当たっているかのようである。

林董は、あるとき、大をなした政治家というのは門閥の背景がなければあとはみな戦争の勝利によって台頭したと語り、それを聞いた陸奥は頭を傾けてしばらくして、「ヤッテ見ようかネ」と述べたという。そして、明治二七年六月に朝鮮に兵を送るとなった際、陸奥、林、参謀次長の川上操六《そうろく》が集まり、いかにして平和にことをまとめるかではなく、いかにして戦いを起こしいかにして勝つかの相談をしたとする。つまり、陸奥としては初めから清と戦争を起こすつもりで、それに向けて着々と策を講じたという話である。林は、首相の伊藤は平和志向なので陸奥と川上が共謀してだましたとまで述べている。伊藤が混成旅団の規模を知らないことにつけ込んだというのと、旅団の派遣として決定して実際には混成旅団を出したというのと、二種類の回顧談で若干内容が違うが、ともかく、伊藤は派遣兵力量が二、三〇〇〇人であると誤認して七、八〇〇〇人の派兵を決定したというのである（『後は昔の記他』）。

こうした陸奥の外交姿勢に対し、帝国主義的であるという批判は数十年前からあった。あるいはさらにさかのぼると、強硬な軍・国内の圧力を受けながらなんとか外交を指導したというかたちで陸奥を評価する見方もあった。こちらは、軍の力が強まっていた昭和戦前期の時代状況を反映した見解である。百発百中の巧みな外交と捉えるのと、帝国主義外交と批判するのと、軍の圧力と渡りあった外交と評価するのは、それぞれまったく異なる議論のようだが、いずれも、陸奥が明確な方針や展望を持って整然と外交をおこなっていたというイメージは共通している。おそらくそれは、一般的に受け入れられている「陸奥外交」のイメージでもある。

陸奥外交の実像

それに対し、実は近年の研究ではむしろ、こうした「陸奥外交」のイメージを崩すような陸奥論の方が盛んに唱えられている。例えば、条約改正交渉で失敗を重ねて行きづまっていたため、それを打開するべく日清開戦に持ち込んだとか、あるいは、朝鮮への派兵以降の陸奥の対応は長期的展望を欠いた場当たり的なものだったと指摘されている。『蹇蹇録』の記述に多くの脚色やウソがあることもわかってきている。

また日清戦争自体、なぜ、どのような力学で始まったのかということについて、この三〇年ほどの間、学界では定説がない。そのなかで有力視されてきたのは、対清協調論者の伊藤首相が強硬な国内世論に押されて対決姿勢に転換したから、という見解である。それは必ずしも陸奥に対する評価の問題ではないが、コントロールされた外交、開戦、といったイメージとは異なる日清開戦過程の説明がなされているのである。

こうした、誤算と方針転換に満ちた日清開戦過程という近年の見方は、ある面で正しい。先々の展開を見通して次々に的確な判断を下していったと捉えるかつての「陸奥外交」像は、過大評価である。ただ、百発百中式の見方を否定して、全体的に失敗が続いたかのように論じるというのもまた、極端に振れすぎている。

陸奥は、限られた経験と情報に基づいて刻々と変化する情勢に対処していたのであって、ときに失敗や誤算が生じるのは当然だった。そのうえで、近代日本のさまざまな政治・外交指導者と比較して、このときの陸奥の情勢分析や各局面における判断をどのように評価できるかと言えば、それはやはり、総じて的確であった。「陸奥は速断し、時として当り、時として誤る。誤りて窮地に陥り、之を脱する際に最も才能を発揮す」という陸奥評がある（『同時代史』）。そのあたりが、陸奥万能論的なかつての「陸奥外交」像とそれに対する批判を超えた先にある、等身大の陸奥の日清戦争指導の姿である。

東アジアの地域秩序

日清戦争前、あらゆる意味において、東アジアの中心は清であった。清は、圧倒的な大国だった。清と周辺の国や地域との間には、華夷《かい》秩序や冊封・朝貢関係といった言葉で説明される、ある種の上下関係、影響関係があった。

そこに、アヘン戦争やアロー戦争を経て西洋列強が進出してくるなかで、清と朝鮮との関係が問題となる。西洋諸国は、朝鮮は清の属国なのか、属国だとしてそれはどのような意味なのか、と問うた。明治維新後の日本も、朝鮮は独立国であるはずだ、と主張していく。

清の側は、朝鮮は属国だと思っている。他方、朝鮮からすると、属国と言ってしまった方が清に西洋諸国との折衝の矢面に立ってもらえるのでよいのだが、完全な属国の地位に甘んずるつもりもない。このあたりの関係性は属国自主などと言われ、かつ、属国と自主のどちらの性格が前面に出るかは、いまだ定まっていなかった。

一八八〇年代に入ると、日本や西洋諸国との関係を整理するなかで、清の朝鮮に対する影響力が強まっていく。朝鮮で発生した暴動・内乱である明治一五（一八八二）年の壬午《じんご》事変と同一七年の甲申《こうしん》政変、いずれにおいても清は軍隊を派遣して速やかに鎮定した。また清は、朝鮮と西洋諸国が国交を結ぶ条約の締結も主導した。関係各国は、朝鮮における清の支配的地位を前提に、東アジア政策を展開する。

日本の東アジア政策

日本の政治指導者たちもまた、清の優位を認識したうえで行動していた。防穀令《ぼうこくれい》事件の際の対応が典型的である。これはもともとは、明治二二年から二三年にかけて、規定された事前通告を経ずに朝鮮で防穀令が出され、日本への穀物輸出ができなくなったため、日本側がその撤回と損害賠償を求めた事件である。陸奥は明治二五年の外務大臣就任後、通商局長の原敬を朝鮮に派遣するなどして解決に努め、基本的には、賠償額の大小のみの問題となった。ところが明治二六年、新たに朝鮮公使となった大石正己（正巳）が交渉を始めると朝鮮側は従来よりも態度を硬化させ、さらに大石と朝鮮側との関係も悪化して交渉が難航する。

そこで日本政府は、解決のために清、具体的には朝鮮に赴任していた袁世凱《えんせいがい》、そして清の有力指導者である李鴻章《りこうしょう》に調停を申し込んだ。五月、陸奥は在天津《てんしん》荒川巳次《みのじ》領事代理に対し、伊藤首相から李への調停依頼を伝えるよう指示した。この問題は、日清両国の指導者たる伊藤博文と李鴻章とのやりとりというかたちで解決が図られたのである。

前章で記した通り、陸奥は、同年七月から本格的に始動する条約改正の取り組みにおいて、十分な準備をおこない自らの枠組みに基づいて達成を図った。しかし東洋政策に関しては、日清戦争以前は基本的に伊藤や井上馨の方針に沿って対応していた。清や朝鮮との関係では伊藤・井上の方が方針策定と実際の交渉に長年たずさわっており、他方、陸奥は条約改正と違ってこれといったプランを持っていなかったからである。

伊藤や井上は、大きく言えば、清との協調を保とうとしていた。特に伊藤は、東洋の平和と発展のためには日清の協力が必要だと考えており、清側のパートナーとして、李鴻章に期待していた。ただ他方で、朝鮮を独立自主の国と位置づけることも、日本政府の対清・朝鮮政策の根幹だった。それは、朝鮮における清の影響力を削ぐことを意味するから、清から見れば、自国中心の秩序への挑戦である。そして、伊藤・井上も含め日本の政軍指導者はみな、何らかの意味で朝鮮における影響力を保持したいとも考えていた。甲申政変後に日清間で結ばれた天津条約以降、当面は朝鮮の現状維持というところで合意が成立していたものの、日清双方の主張や世界観は、根本的には相容れないものだった。

李鴻章

東学党の乱と朝鮮への派兵決定

その危うい均衡のなかで、明治二七年、朝鮮で民衆反乱が起きる。東学党《とうがくとう》の乱（東学農民運動、甲午《こうご》農民戦争）である。全羅道《ぜんらどう》古阜から発生し、四月頃に大規模化した。五月末には全羅道の首府・全州が陥落する。朝鮮政府はその鎮圧のため清に対して出兵を要請し、清側もそれを受け入れた。

朝鮮で内乱が発生し、清の派兵も予想されるという状況において、日本も朝鮮への出兵準備を進めた。六月二日の閣議で出兵が決まり、五日に大本営が設置される。派兵規模は混成一個旅団、計約八〇〇〇人であった。

六月二日の閣議は、そもそもの主題は議会解散である。前年一二月に解散をおこない、三月に総選挙があったばかりにもかかわらず、再びの解散であった。条約改正問題をめぐって伊藤内閣は対外硬派と対立しており、他方で自由党は明確な与党とはなっておらず、内閣不信任上奏案が可決されてしまったのだった。

そして同日の閣議で、朝鮮への派兵も決まった。陸奥は、朝鮮政府が清に援兵を要請したという駐朝鮮公使館からの知らせを閣議冒頭で閣僚に示し、清が朝鮮に軍隊を派出する場合には日本も相当の軍隊を派遣して朝鮮に対する権力の平均（バランス）を維持しなくてはならない、と述べたとしている（『蹇蹇録』）。朝鮮からは刻々と情報が届いており、五月末の段階ですでに、日本政府内では派兵の必要性が論じられていた。

閣議決定文書では、公使館および国民の保護というのが主な出兵理由として書かれている。しかし、右の陸奥の説明を見ても、あるいは従来の東アジア情勢から考えてもわかるように、派出した兵を利用して朝鮮における勢力の挽回や伸長を図ることも視野に入っていた。ただし、首相の伊藤や大半の閣僚にとって、この出兵決定自体は清との軍事衝突を目的としたものではなかった。

善後策の模索

日本政府は大兵の派遣を決定し、出兵にとりかかった。ところが、当時日本にいた大鳥圭介駐朝鮮公使が朝鮮に帰任してみると、反乱は鎮静化に向かっており、予想外に平穏だった。日本側からすると、誤算である。大鳥は六月一一日から連日、日本本国に、すでに出兵した軍隊以外の派遣や軍隊の上陸、漢城《かんじょう》（ソウル）入りを見合わせるよう訴えた。朝鮮や清も、撤兵を求めていた。

日本政府・軍は、まずは第二次分の派兵を見合わせ、派遣済みの軍隊も仁川《インチョン》に駐屯させた。しかしそこで、単に撤兵するというのは、たとえ日清が同時に撤兵するのだとしても、むずかしい。朝鮮で民衆反乱が発生し、清は朝鮮政府の要請を受けて兵を送り、日本は居留民保護と対抗出兵の意味で派兵し、双方が特に何もせずに撤兵した場合、朝鮮保護のために清が出兵した実績だけが残る。朝鮮に対する清の影響力は、ますます強化されてしまう。しかも伊藤や陸奥としては、そうした日本・清・朝鮮間関係に加えて、派兵にかけた費用であるとか、国内の反応も気にしなくてはならない。

陸奥は大鳥に対し、いったん軍隊を仁川にとどめてはいるが、機を失して何もせず仁川から引き揚げることになった場合、はなはだ不体裁で政策上もうまくないとして、入京を主張した。暴動が起きている地方に検分の者を派遣して緩慢に調べさせ、なるべく平和な状態ではないような報告書をつくらせることで軍隊駐留の口実にするという案も伝えている。そして一八日には、電信線譲与などの代替的成果を挙げることを求めた（『日本外交文書』、「外務省記録」）。ともかく何かしら、派兵した事実に見合う成果を挙げようとしたのである。

より根本的な方策は、一三日の閣議で首相の伊藤が提起した。日清両国が協力しての朝鮮の内乱鎮圧、そして共同朝鮮内政改革というものである。それに対し陸奥は一両日の猶予を求めて検討し、終局までの留兵、清が賛同しない場合の日本単独での内政改革実行、という文言を加えた。一五日、伊藤内閣は清に対してその案を提議することを決める。

陸奥はこの文言修正の意図を、次のように説明している。「もし清国政府にて我が提案に同意せざる場合においては、我が国自ら単独に韓国内政の改革を担当すべしとの決心をなし置かざれば、他日あるいは彼我の意見衝突したる時に及び、我が外交上の進路を阻格するの恐れありと思料したり」(『蹇蹇録』)。

当時の経緯と状況を考えると、まさにこうした判断がなされたのだろう。伊藤は、対清協調と朝鮮独立扶持という二つの方針を持っていた。それは客観的にはつきつめると矛盾するのだが、伊藤本人は、両立可能だと思っていて、一三日の案を提起した。しかし陸奥から見ると、伊藤案は清に拒絶されてしまえばそれで終わりである。そこで、対清提案中に次の行動の足がかりを含ませるため、文言を加えたのだった。

間違いなく伊藤は、そしておそらくは陸奥も、この時点では、対清全面戦争必至とは思っていない。しかし、留兵が長引けば、日本としては、さらに大きな成果を挙げなくてはならないという話になる。その方法は結局、軍事衝突である。対清協調論者の伊藤が提起した案は、結果的に、日清開戦に向けた流れを明確にしてしまったのであった。

一六日、陸奥は清の駐日公使・汪鳳藻《おうほうそう》と面会して日本側の提案を伝えた。そして清が日本の提案を拒み撤兵を求める意向であることが明らかになってくると、二一日、陸奥は大鳥に対し、清との衝突は不可避であり朝鮮国王・政府を味方につけるようにとの指示を発した。二二日には汪に、日本としては清と所見を異にするとしても朝鮮の将来の安寧が保証されない限り撤兵しない、と通告した。陸奥はそれを、清国政府に対する「第一次絶交書」と位置づけている（『蹇蹇録』）。

英露の仲裁と陸奥の利権獲得案

清が共同朝鮮内政改革提案を拒絶したのに対して日本がさらに反駁《はんばく》し、撤兵を拒否してもなお軍事衝突は起こらず、そのうちにロシアやイギリスがこの問題の仲裁に乗り出した。その後、日清開戦が遠のいたかに見える瞬間もあった。しかしながら、大きく言えば日清間には東洋の秩序と朝鮮の地位をめぐる根本的争いがあり、具体的には日本政府は朝鮮の共同内政改革を求め清側は撤兵を求めている以上、日清両政府が納得する内容の解決策を生み出すのは困難だった。

ただそこで興味深いのが、陸奥の動きである。陸奥は、干渉で撤兵を余儀なくされる事態も想定しながら、六月下旬から七月上旬にかけて大島に、朝鮮における清と同様の利益への均霑、鉄道敷設や電信架設、木浦《モッポ》開港といった実利を占めるよう繰り返し指示した。

前述の通り、陸奥は六月中旬にも、電信線譲与などを要求するという案を示していた。それに対し、朝鮮情勢のことを第一に考える大鳥や在朝鮮公使館は、朝鮮側にそうした要求をおこなう根拠がないと反発した。それでも陸奥は再度、利権獲得への強い執着を見せたのである。出兵に伴うコストを相殺し、可能であればそれを上回るような利益を確保しようとし続けていた。そして今度は大鳥も、行きづまった日本・清・朝鮮間関係を打開する手段として、陸奥の要求を受け入れた（『日本外交文書』、『明治廿七八年在韓苦心録』）。

結局、イギリス・ロシアの仲介は不調に終わる。七月一二日に伊藤内閣は、清政府は日本の提議を排斥して撤兵ばかりを主張しており、事を好んでいると言うよりほかなく、日本政府は将来生ずる事態への責任を持たない、との清側への照会を決定する。陸奥が『蹇蹇録』で、「第二次絶交書」と呼んでいるものである。陸奥はそれを清政府に通告するよう駐清臨時代理公使の小村寿太郎に電訓するとともに、大鳥に対し、断然たる処置を施す必要ありとして運動開始を命じた。

明治天皇の不信感

陸奥はもう、いずれ清との軍事衝突に至るという見込みのもと、タイミングや口実をどうするかといったところに関心が移っていた。ただその陸奥に対し、強い疑惑の目を向けていたのが、明治天皇である。明治天皇は、大国の清と戦って勝てるのか不安であり、できることならば戦争を避けたいとも考えていた。そして、かつて政府転覆計画に関与した陸奥を信用していなかった。対立や分裂を煽りそのなかで台頭していこうとする陸奥の性格も、よくわかっていたのだろう。第一次松方内閣期の明治二四年一二月二六日、初の衆議院解散に際して侍従長の徳大寺実則《とくだいじさねつね》が伊藤に送った書簡には、「将来内閣一致協和は、陸奥大臣の席を占居候《しめおり》ては徹頭徹尾調和相成難《あいなりがた》しと深《ふか》く御案痛被遊候間《あそばされそうろうあいだ》」と書かれている。天皇が、陸奥が大臣の席を占めていては内閣の調和は望めないのではないかと心を悩ませている、というのである。

天皇が陸奥に対して不信感や嫌悪感を示したという話は佐々木高行の日記にいくつかくわしく書かれているが、それは、佐々木自身が陸奥に対して批判的なので多少割り引いて読まなくてはいけない。しかし徳大寺は、明治天皇の意向を忠実に伝える人物である。明治天皇の陸奥への不信感は、本物であった。

明治天皇の懸念は、六月一五日、早くも示される。朝鮮共同内政改革提案について上奏し、縷々下問を受けた陸奥は、万が一天皇の意向が閣議の趣旨と異なるようだと実にゆゆしきことであると伊藤に助けを求めている。伊藤はその後、明治天皇にくわしい説明をおこなった(『伊藤博文伝』)。

六月二一日、李鴻章が朝鮮に多数の兵を送るとの情報を知らされた明治天皇は、朝鮮は平穏であり、日本側に撤兵を求めているにもかかわらず李が多数の兵を出すというのは理解しがたく、そのようなふれこみだけで実行はされないのではないか、と疑問を呈する。七月一九日にも、大鳥が、もはや朝鮮側が日本の勧告を受け入れる見込みはないとして軍事行動に出ようとしていることについて、十分に手を尽くしたとは思えないが外務大臣の見解如何、と問いただした。いずれも、徳大寺からの書簡というかたちで天皇の考えが陸奥に伝えられた。

陸奥がとった対策は、最終的には、天皇を避けるというものだった。首相の伊藤とは緊密に連絡をとる一方で、明治天皇への説明や情報提供は限定的におこなった。その結果、不安と不信感を募らせた明治天皇は開戦直後、「今回の戦争は朕素《もと》より不本意なり」、などと言うことになったが（『明治天皇紀』）、戦況が順調に推移したことで、その軋轢《あつれき》は過去のものとなったのだった。

開戦

日本本国から運動開始の指示を受けた大鳥や在朝鮮日本公使館は、六月中から内政改革実行を目指して行動していた。内政改革とは、政治、法、軍事、財政、警察、交通といった各種制度の整備や改良である。それは、朝鮮の自立・強化策を講じることで清との関係性を弱めさせるという意味を持っており、また改革過程では顧問の採用や借款、技術導入によって日本の影響力や利権が拡大することも期待された。

大鳥は、朝鮮政府においては根本的に日本より清に対するつながりや評価が高いため、日清間の軍事衝突によって清の勢力を一掃するのでなければ十分な内政改革はおこなえないと判断するようになる。清軍の退去、朝鮮と清との宗属関係打破、内政改革実行を、それぞれいずれが手段とも目的とも明瞭でないまま追求した。そして朝鮮に対して内政改革を要求し、これに朝鮮側が日本兵撤退後に自力で改革するとの回答、すなわち事実上の単なる撤兵要求をおこなうと、強硬策の実行を決意する。七月二〇日に朝鮮政府に対し、在牙山《がざん》清兵の撤退を清政府に請求するよう求めた。そして回答が不十分であったとして二三日、王宮を包囲、占領し、国王の父である大院君《たいいんくん》を担ぎ出して新政権を樹立した。

このとき日本本国では、陸奥は、事態を打開するために朝鮮で強硬な行動を起こさなくてはならないと考えていた。伊藤も、その必要性を認めていた。しかしどのタイミングで、いかなる方策をとるかは定まっていない(七月二二日、陸奥宛伊藤書簡)。それは事実上、出先の大鳥の判断次第ということになりつつあった。

清との関係では、イギリスを介したさらなるやりとりの期限が切れた後、七月二五日に豊《ほう》島《とう》沖海戦がおこなわれる。日本軍は朝鮮政府からの依頼というかたちをとって陸上での清軍への攻撃も開始した。

豊島沖海戦の際、清国兵を乗せたイギリス船籍の船・高陞《こうしょう》号を日本の軍艦が撃沈する事

豊島沖海戦

件があり、対英関係に深刻な影響が生じるのではないかと懸念された。陸奥も伊藤への書簡で、「憂慮に不堪《たえず》」と書いている。ただ伊藤との間では、イギリス側に対して安易に謝罪のような言葉は用いず、「諸事取調べの上決定すべし」との趣旨で応じておくことを確認していた（七月二八日、三〇日、伊藤宛陸奥書簡）。やがてこの件は、日本側の対応に問題はなかったということで落着する。

この頃陸奥は数日、体調を崩し臥せっている。二四日の伊藤宛書簡では「医師の勧告により本日一日丈け平臥の積り」としていたが、その後もなかなか回復せず、内務大臣の井上馨が臨時で外務大臣を兼任する風説ありとの報道まで出ている（『読売新聞』八月二日）。

そうしたなか、二八日、病床の陸奥は伊藤に、予定されている朝鮮への軍隊増派を天皇の名を用いてでも一時見合わせることはできないか、と申し出た。続々日本軍が朝鮮に乗り込んでは他国、大院君、そして大鳥にも疑念を抱かせるというのである。陸奥は、大院君・朝鮮政府を清から引き離して確実に日本の味方としておくことが肝要と考えており、増派は清軍への対抗上やむを得ない措置であると説明して大院君らに疑念を持たれないよう大鳥に指示した。しかし二三日の軍事行動開始にともなって電信線は切断されており、情報伝達手段が限られるなかでその指示はすぐには大鳥に届きそうになかった。とはいえ、軍事行動が開始された以上、今さら増派を止めるのは不可ということで、陸奥の主張は通らなかった（七月二八日、伊藤宛陸奥書簡、二九日、陸奥宛伊藤書簡）。

次いで七月三〇日、高陞号事件への対応の話から派生して、陸奥は伊藤に、宣戦布告か何かしらの行動をとる必要があると伝えた。日清が交戦状態にあることを知らせ、列強を局外中立の立場に置くためである。ちょうど翌日に閣議があるのでそこで方針を定めてほしいと陸奥は記している。逆に言うと、清との戦争を予期しながら、そのような基本的な措置に関して、日本側は事前に準備していなかった。

日本政府は三一日に日清両国が交戦状態に入ったことを列国に通知し、八月一日付で宣戦布告をおこなう。その直前まで日本政府内では、宣戦の論理も、そしてそもそも戦争相手国は清のみなのか、清と朝鮮なのかといったところも、明確になっていなかった。それらは、宣戦の詔勅の文言を検討するなかで定まっていく。最終的には、戦争相手国は清単独ということになり、宣戦の論理もその後の日本の対朝鮮政策も、そうした前提に立って組み立てられた。

開戦前後、事態はめまぐるしく動いている。伊藤も陸奥も、状況の変化になんとかついていっているというのが実情であった。

日清戦争は、朝鮮の内乱に際して日本が多数の兵を送り、引くに引けなくなったことで始まった。対清協調・避戦志向の伊藤首相のもとで日清開戦に至ったというのは皮肉なことである。伊藤は、清との間で交渉をおこなってきた経験があり、清の有力政治指導者である李鴻章を信頼してもいた。また、すでに政界の第一人者であり、国内政治上の地位を上昇させるために冒険主義的政策をとる必要はなかった。しかし、対清協調・避戦志向の伊藤は、同時に朝鮮独立扶持を基本方針としており、朝鮮への出兵や留兵の決定を下した。

それに対し陸奥は、清に対する交渉姿勢は伊藤よりも強硬であり、また早くから軍事衝突を視野に入れていた。伊藤と違って清や李鴻章に対する信頼感はなく、通常の外交交渉で得られる利益に対する評価は低くなりがちである。国内の政治的地位という点でも、伊藤と違って、常に成功を必要としていた。自らの才を頼りにさらなる政治的台頭を目指している陸奥は、短期的な損失を後々回収する、といったわけにはいかない。したがって、対清軍事衝突が起こらない可能性があることを考えて朝鮮での利権獲得を目指すという発想にもなるのである。

本章冒頭で論じたように、一般的な「陸奥外交」のイメージとは異なり、実際には、陸奥は日清開戦過程において、先々の展開を見通して決断を下していったわけではない。しかし、かけたコストに見合う対価を獲得し、さらに利益の最大化を図るという判断基準は一貫しており、その観点から、個々の決断の大半を合理的に説明することができる。外相・陸奥の、大兵を派遣したからにはなんとしてもそれに見合う対価を得るという強固な意志と、幸か不幸か窮地で打開策を生み出してしまう技術は、日清間の妥協を困難にしたのだった。

2　講和と三国干渉

戦争経過

日本は、清が朝鮮での影響力を強めていった一八八〇年代以来、軍拡と軍事体制の整備を進めており、だからこそ、清との開戦を決断することができた。とはいえ、清側には膨大な兵力と巨大な軍艦がある。戦って本当に勝てるのか、という懸念も当然あった。

しかしながら、実際に戦ってみると、緒戦の豊島沖海戦、成歓《せいかん》の戦い、そして九月の平《へい》壌《じょう》、黄海《こうかい》、と総じて日本側の勝利が続いた。そうしたなかで一〇月、イギリスが講和条件について日本側に打診してくる。各国が朝鮮の独立を担保し、戦費を清側が賠償するとの条件で、日本は戦争をやめるつもりがあるか、というのである。その他の欧州諸国とも相談しているという話であった。中国における通商活動を重視するイギリスとしては、早く戦争を終えてほしいのである。

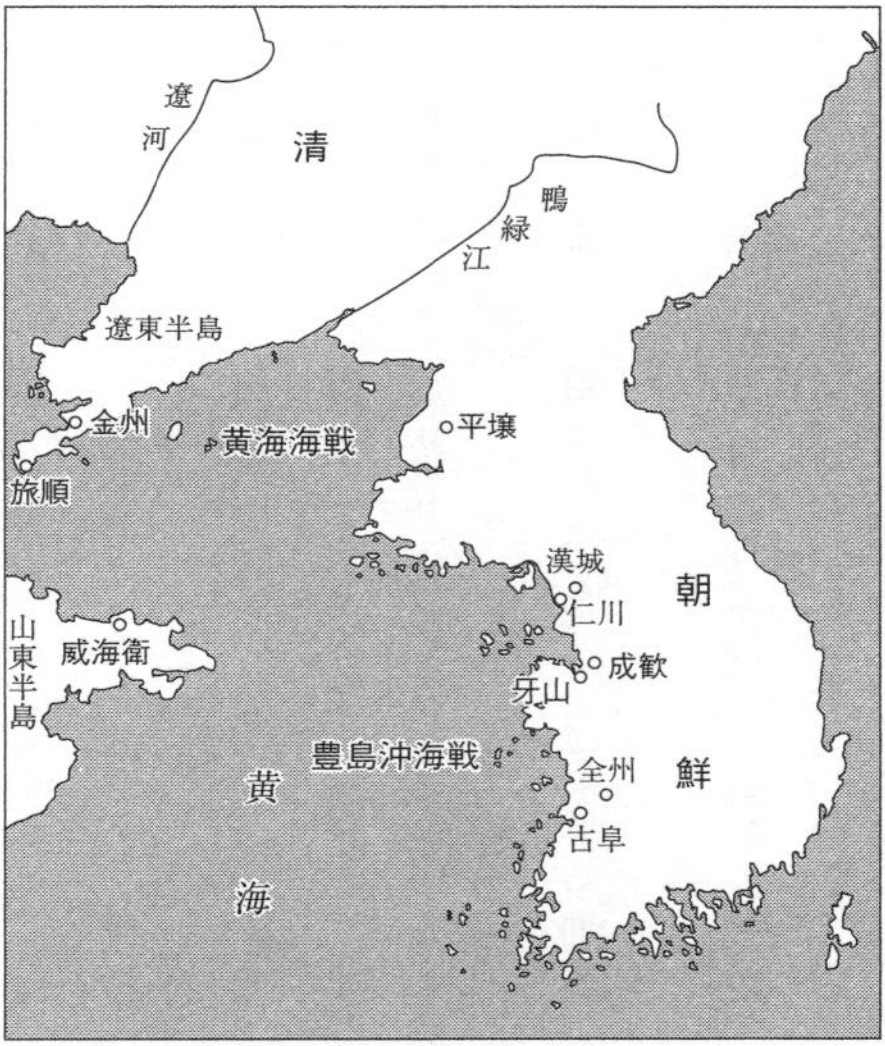

日清戦争関連地図（台湾、澎湖諸島を除く）

この提議自体は、しばらくして、イギリスの友誼《ゆうぎ》には感謝するがいまだ講和条件に関する意向を公表する段階にはない、と答えて終わる。ただこれを機に、陸奥、外務省、そして伊藤の間で、講和条件の検討が進んでいく。

遼東半島割譲をめぐって

イギリス側の申し出を受けた陸奥は一〇月八日、伊藤に三つの回答案を送る（『伊藤博文文書』）。甲乙両案が具体的な講和条件を示したもの、丙案は、先に清側の意向如何を承知する必要がある、というものだった。このとき天皇以下大本営は広島に移っており、伊藤もそちらにいた。陸奥も九月下旬にいったん広島に赴いたが、すでに東京に戻っていた。

講和条件に関して最大の争点となったのが、領土の割譲である。結局遼東《りょうとう》半島は三国干渉を受けて清に還付することになったため、陸奥は後に、弁明気味に以下のように記している。政府内には台湾譲与を求める海軍と遼東半島領有を求める陸軍、そして割地よりも償金を重視する立場があった。在野においては過大な条件を求める声が高く、戦勝の熱狂が社会に充満していた当時の状況では遼東半島割地条項を条件中に含めることは不可避だった(『蹇蹇録』)。

たしかに、政府内外の要求は、合意形成に至るまでの陸奥の苦労を増やしたかもしれない。遼東半島の割譲を講和条件に入れなければ、強く批判されただろう。しかしながら、そういったことが主な原因で、陸奥や外務当局、伊藤が作成・決定した講和条件が実際の内容になったわけではない。

陸奥が伊藤に示した甲乙両案のうち、甲案は、清と朝鮮とを引き離し朝鮮の独立を担保するという口実で、旅順《りょじゅん》およびその付近の土地の割譲を要求しようというものだった。つまり、陸奥は講和条件を検討し始めた当初から、遼東半島の割譲を要求することを想定していた。

とりわけ、朝鮮独立の担保という理屈の部分が重要で、戦況がさらに進展した一一月二六日、陸奥は伊藤への書簡で以下のように記している。

「此《この》半島占領の挙は、到底多少諸強国の容喙《ようかい》、少くも猜疑は免れざる義に可有之《これあるべく》候。ついては我が之を占領すべき論拠、寧ろ最も必要に存じ候。苟も其口実にして世界に明言し得べき限りのものならんには、占領地の広狭に関する議論は、自ら第二問題に属することと存じ候。而《しか》して日本において之を占領する論拠、即ち口実の尤も公明なるものは、将来朝鮮の独立を維持し、清国の干渉、若くは侵凌を防ぐと云うを以て、第一の好辞柄とす」

遼東半島占領については、列強の干渉、あるいは少なくとも疑念を招くのは間違いないところであり、日本としてはそれを占領する論拠こそが重要である。占領の口実が世界に明言できるようなものであれば、占領地の広い狭いなどということは、二義的な問題である。そして、日本の占領の論拠、すなわち口実の最も公明なものとしては、将来の朝鮮の独立を維持し、清の干渉、もしくは侵犯を防ぐというのが一番だろう、というのであった。

この口実を用いるのが得策、という趣旨のことを赤裸々に書いてしまうのが、いかにも陸奥らしい。そしてここで陸奥が記した遼東半島占領の理屈は、日本政府が宣戦の詔勅で表明した開戦の大義名分とも合致していたし、伊藤や、あるいは自由党も大いに賛同するところだった。

日清戦争中の陸奥は、外務大臣として、戦況を見きわめながら戦勝の対価としてとれるものはとる、という考えである。一〇月八日の伊藤宛書簡で、外国の干渉が面倒にならないうちにいずれの地でも占領しておくことが必要、と書いているように、日本軍の行動にも大いに期待していた。そして実際に日本優位で戦争が進み、朝鮮独立の担保という名分もあって要求が通る可能性は高いと踏んだため、遼東半島割地を講和条件に含めたのである。

他方、むしろ台湾割譲の方が、名分は曖昧だった。ただ陸奥は、伊藤に送った乙案において、列国が朝鮮の独立を担保する場合には、旅順およびその近辺の割譲を要求する理由がなくなるとして、いわばその代わりのように、第二項として台湾割譲を挙げていた。そして台湾割譲を求める海軍側に対しては、占領によってそうした主張の根拠をつくり出すよう鞭撻した。戦況が有利に進展した一〇月から一一月にかけて、対清要求条項中に台湾割譲を含めることは、政軍有力者にとって半ば既定路線となっていた。

講和に向けた動き

日清講和の折衝は、一一月、アメリカの仲裁打診によって始まる。山県有朋率いる第一軍が朝鮮半島から鴨緑江《おうりょっこう》を越えて清領内を進み、大山巌を司令官とする第二軍は遼東半島の金州を攻略する頃であった。

日本政府は列強の干渉を避けることに腐心していたが、そこで警戒されたのは、主にイギリスとロシアの動向である。伊藤と陸奥は、初めからアメリカによる周旋という選択肢については必ずしも排除しておらず、六月の時点で、有事の際にアメリカに仲介を依頼するという話もしていた。アメリカは、東アジアにおける利害関係が少なく、公平な周旋を期待できると見ていたからである。

アメリカを介して日清がやりとりをするなか、一一月末の旅順陥落を機に、講和に向けた動きが本格化してくる。清は一二月一二日に全権委員の派出を表明し、次いで二〇日に張《ちょう》蔭桓《いんかん》・邵友濂《しょうゆうれん》の委員任命を日本側に通知した。日本政府は、広島を会合の地に指定する。

ただ陸奥は一五日の時点で、伊藤への電報において、清側は列強の勧告を受けたために日本側との協議を申し出ただけであって本心では和平交渉に熱心ではなく、高官を全権委員に任命せず会合は不調に終わるだろうとの予想を示していた（『伊藤博文文書』）。そしてそれは、的中した。日本側は、張蔭桓と邵友濂は地位名声が十分でないと見て、この談判はいったん破談になると考えた。

広島講和談判

一一月以降、陸奥は東京・広島間を頻繁に往復している。一一月五日東京発→八日広島着、一二日広島発→一四日東京着、二八日東京発→三〇日広島着、一二月一二日広島発→一四日東京着、といった具合である。そして明けて明治二八年一月一一日、広島での講和談判に臨むため、東京を発つ（新聞各紙）。

一月末、清の委員が広島にやって来る。しかし二月二日、日本側は、清の代表が有する権限は「全権」の定義に適わないとして談判断絶を通告する。伊藤と陸奥は談判が始まる前に相談し、講和の機はいまだ熟していないためまずは清側の全権委任状の形式をよく吟味しようということになっていた（『蹇蹇録』）。講和条件案を示すことなく破談に持ち込むのが望ましいと考えていたのである。戦局をさらに進展させて日本の立場をより有利にしようという狙いもあったし、また実際問題として、権限が不明確な相手と交渉しても日本に益するところはなかった。そして案の定、清側委員は日本側と協議するに当たって清本国に指示を仰ぐことになっているなど、権限が不十分だった。

講和談判決裂後、直隷《ちょくれい》決戦に向けた準備が進む。また、参謀総長の小松宮彰仁《こまつのみやあきひと》親王が征清大総督に任じられ、大総督府の出征が命じられる。もともと、日本の対清軍事作戦の根幹は、北京付近で一大決戦（直隷決戦）をおこなってその戦勝を背景に和議を結ぶというものだった。ただその決戦は、季節や戦局の進展状況の影響を受けて春まで持ち越されていた。そして冬の間は、遼河《りょうが》方面や山東半島の要地を攻略していたのである。

下関条約

和平交渉に関しては、清が改めて李鴻章を全権として派出し、三月二〇日、伊藤・陸奥は下関で李と相対する。陸奥は広島での第一次談判が破談となった後すぐに東京に戻り、三月に再び広島、そして下関に赴いた。李は、まず休戦したうえでの交渉を望んだが、日本側が厳しい休戦条件を示したため断念し、直ちに講和交渉を始めることとなる。このとき伊藤や陸奥は、休戦を避けた方が得策と考えており、あえて李鴻章が承諾できないであろう条件を提案したのだった。

そこに、李鴻章狙撃事件が発生する。三月二四日、会談場所からの帰途、李が日本人に撃たれ、重傷を負う。和平交渉のために日本にやって来た相手方の代表が襲撃されてしまったのだから、日本側の大失態である。清との関係でも負い目をつくったことになるし、それ以上に、列強の非難や干渉を招く恐れが強かった。日本としては、その状況で強気の交渉態度を貫くのはむずかしい。伊藤と陸奥は、休戦やむなしという見解で一致していた。伊藤は下

下関講和会議

関から広島に戻り、無条件での休戦を認めるということで政軍指導者内の意思統一を図った。
李鴻章狙撃事件は、たしかに、日本に有利な条件で休戦するとか、休戦せずに軍事的圧力を加えながら講和談判をおこなうといった、日本側の当初の予定を狂わせた。しかしそこで発想の転換をするのが、窮地を脱する際にもっとも才能を発揮すると評された陸奥である。もともと、日本国内では、戦争の継続や過大な条件での講和条約締結を求める声が強く、その国内の意向を満足させるかたちで清との講和交渉をまとめるというのは容易なことではなかった。陸奥は、この事件がそうした状況を変化させる好機だと考えた。
三月二六日、陸奥は広島に向かった伊藤に書簡を送り、「過日の事変〔=李鴻章狙撃事件〕以来、天下人心将《まさ》に一変」した状況のなかで、「遠達高明の士は是に依り天下人心を誘動するの機と存じ候」と論じた。無条件休戦は単に李鴻章狙撃に伴う非難や干渉を避けるためではなく、敵愾心《てきがいしん》にあふれた日本の世論がうわべだけでも李への同情へと移行した機をうまく捉えれば事局全面を一変できる、というのである。

陸奥は、無条件休戦の勅裁を得て、その進路に向かっていけば「一瀉千里の急流を以て遂に彼岸に達するの望なしというべからず」と記した。ここで言う彼岸とは、講和条約締結のことである。李鴻章狙撃事件という危機は、うまく処理できれば、一気におおもとの課題である講和交渉の進展につながる、という指摘であった。陸奥はその状況を、「禍福倚伏」（災いと福は交互にやって来る）と呼ぶ。もう少し知られた表現で言えば、禍福はあざなえる縄のごとし。もしくは、自分たちで主体的に現状を変えるという意味では、災い転じて福となすである。

三月三〇日、日清間で休戦条約が結ばれる。調印後、二一日間が期限である。交換条件をつけたわけではなく、その意味で、無条件の休戦条約ではあった。

ただし、台湾周辺での軍事行動は対象とされていなかったし、陸奥は、休戦期間中に征清大総督府が出征できるよう休戦条約の内容を修正していた。総督府は、四月一三日に出征する。講和交渉が決裂すればすぐに軍事力を行使する構えを見せたのである。

四月一日、日本側は李鴻章に講和条件案を提示した。いったん条件を開陳した以上、いたずらに日数を重ねることなく確答を得ようというのが日本側の方針である。途中で多少の修正は加えたものの、ほとんど譲歩らしい譲歩はせず、李に諾否の決答を求めた。日本側は李と清本国との電信を解読しており、強硬な姿勢を示せば李は最終的に日本の要求を受け入れそうだとわかっていた（『蹇蹇録』）。

休戦期限が迫るなか、四月一七日、日清全権は講和条約（下関条約）に調印する。朝鮮の独立、遼東半島・台湾・澎湖《ほうこ》諸島の割譲、二億両の賠償金、日清間の通商航海条約締結などが定められた。日本にとっては、十分に戦勝の利益を確保したと言える内容であった。

そのとき、三国干渉が発生する。

三国干渉

下関条約調印直後の四月二三日、ロシア・フランス・ドイツの公使が東京で外務次官の林董に面会し、遼東半島の領有を放棄するよう勧告した。いわゆる三国干渉である。

少しさかのぼると四月二〇日、林に対してドイツ公使が連合干渉をほのめかすような発言をおこなった。ただ、翌二一日、ドイツ公使は本国から長文の電報を受け取っているもののの他の公使はそうではないといったところから、林は、それほど重大な申し出ではないのではないかと陸奥に報じている。陸奥も同様の判断を示し、連合干渉にもなりそうにないと見ていた。しかし、駐独公使の青木周蔵と駐露公使の西徳二郎《とくじろう》から報告があり、陸奥は二三日午前一一時二〇分発の電信で、ヨーロッパ大国から強い干渉が来ることは免れられないようだ、と伊藤に申し出た。このとき陸奥は療養のため、伊藤らと離れて兵庫県の舞子にいた。そして林から、干渉発生の知らせが届く（『日本外交文書』）。

二四日、広島で天皇臨席のもと、会議が開かれる。会議といっても、出席者は伊藤と山県、西郷従道の三名である。もともと閣僚は広島と東京に分かれており、しかも明治天皇が近く京都に移るということで先にそちらに向かった者もいた。山県などは大臣の職に就いていなくとも協議に加わったとは思うが、一応このとき、山県は陸軍大臣、西郷は海軍大臣であった。伊藤は、勧告拒絶、列国会議開催、勧告受諾・遼東半島還付、という三案を示し、列国会議を招請するということでまとまった。

二五日、伊藤は舞子の陸奥を訪問してこの結論を伝え、さらに京都からやって来た大蔵大臣の松方正義と内務大臣の野村靖も加わって協議がなされた。陸奥は、ひとまず三国の申し出を拒絶してみてはどうかと主張したが、伊藤は、それは危険であると論じ、松方・野村も同意見だった。他方、列国会議を開いてはかえって下関条約全体が崩壊してしまうのではないかという陸奥の指摘も、受け入れられた。そして日本としては、いざとなれば勧告を受諾するつもりで、差し当たり外交上の駆け引きを試みるということになる（『蹇蹇録』、四月二五日、伊東巳代治宛伊藤書簡）。

実は、日本は本当に三国の勧告を拒むことはできなかったのかという点は、議論の余地が多分にある。伊藤をはじめ日本側は三国の勧告を、軍事力を背景にした行動であると捉えたのだが、日本が勧告を拒絶したからといって三国の武力行使に直結したかは疑わしい。陸奥が初めに提案したように、ひとまず断ってみるという対応も十分にあり得た。

もっとも、結局は陸奥も、いざとなれば勧告を受諾するつもりで折衝をおこなうという方針に合意している。これは、守るべき利益が他にあったからである。つまり、日本の政治指導者、とりわけ陸奥は、清が交渉を引き延ばす、合意を履行しない、といったことに対して強い警戒感を持っていた。そこで、列強の干渉が実際に起きてしまった以上、それを清の対応に波及させず、朝鮮独立や巨額の賠償金、台湾割譲といった日本の戦勝を反映した講和条約を確実に成立させることが第一、という発想になった。陸奥の言い方を借りると、「三国に対しては遂に全然譲歩せざるを得ざるに至るも、清国に対しては一歩も譲らざるべしと決心」したのであった（『蹇蹇録』）。

日本側は、ロシア・フランス・ドイツの意向を探り、同時に、三国に対抗するためイギリス・アメリカ・イタリアの助力を得ようとした。しかし十分な回答はもたらされず、領有範囲を狭める妥協案も、露仏独三国に拒否された。五月四日、伊藤・陸奥らは京都で会議をおこない、勧告を受け入れて遼東半島の永久占領を放棄する旨の対三国回答案を決定する。そして日清間では予定通り、八日に芝罘《チーフー》で批准書の交換がおこなわれた。

すでに何度か触れたように、陸奥に限らず日本の政軍指導者はみな、列強が日清間の問題に干渉してくることを初めから警戒し続けていた。その意味では、大きく言えば、干渉の発生は予想された事態であった。

誤算が生じたのは、もう少し細かい部分においてである。つまり、特にロシアが遼東半島割譲を快く思わないことは、日本側はよくわかっていた。それでも、ロシアが単独で何か申し出る程度であればなんとかなると考えていた。

ところが、予想外にドイツが積極的に動き、ロシア・フランス・ドイツの連合干渉となってしまった。東アジアの問題に利害関係の薄そうなドイツが干渉を推進するというのは、日本側は想定していない事態であったし、ヨーロッパにいる日本の公使たちも、その動きを察知できなかった。十分な情報が上がってきていない以上、陸奥はドイツの動きを知る由もなく、他方で、駐独公使の青木にしても、相手国政府が意図的に隠している情報を得るのはむずかしかった。三国干渉発生後、青木は日本政府のそれまでのドイツへの対応の仕方が悪かったと非難し、陸奥もまた青木の事実誤認や報告内容の矛盾を厳しく指弾したが、両者とも、ここで別の行動をとっていれば干渉の発生を未然に防げた、といった部分はなかったように思われる。

日清戦争と陸奥の病状

以上のような日清戦争をめぐる激務が陸奥の命を縮めたというのはよく言われるところである。それはおそらく、本当である。

陸奥は肺に持病があり、風邪などもよく引いた。ただ、ある程度安静にしていれば、体調は持ち直すことが多かった。しかし明治二七年から二八年にかけては、あまりにも激務が続いた。朝鮮への出兵問題が持ち上がる前、明治二七年四月から五月にかけて一〇日間ほど、陸奥は横浜本牧の原善三郎の別荘に逗留している。後に三溪園《さんけいえん》となる土地である。病後体力が回復せず、保養に出たのである(四月二五日、伊藤宛陸奥書簡)。陸奥の病気の療養には、海辺の気候がよいとされていた。

その後はしばらく、条約改正と朝鮮への派兵以降の対応で気の抜けない日々が続く。陸奥の体調は悪化し、九月四日の新聞各紙は、今の病勢では陸奥の方が井上毅より重症らしいと報じた。井上は病気で八月末に文部大臣を辞し、翌年に亡くなっている。陸奥は九月六日から、大磯《おおいそ》で療養生活に入った。それまでは東京近郊の療養先というと横浜の原善三郎の別荘や熱海、鎌倉、箱根といったところだったのだが、大磯に別荘を構え、以降の療養地となる。

そして九月以降、翌年二月までの間に、東京・広島間を四往復している。日清戦争をめぐって清との講和や列強への対応に当たり、同時にアメリカなどとの条約改正交渉も進んでいる。また次章で触れる、朝鮮内政改革の問題もある。三月一八日に下関に着いた陸奥は清側との交渉に臨むが、講和交渉最終盤の四月一〇日と一五日の協議を、病気のため欠席している（『蹇蹇録』、『日本外交文書』）。もちろんこれは交渉上の駆け引きなどではなく、それほど重病であった。三国干渉発生後、療養先の舞子でも協議がおこなわれ、京都でも引き続きその問題に対応したのは、前述の通りである。三国干渉受諾表明と下関条約の批准書の交換で一段落したところで、陸奥は東京に戻る。

ちなみに、陸奥は明治二三年にアメリカから帰ってきてしばらく処遇が決まらなかったが、その間、東京にいるときは鹿鳴館に滞在していた。農商務大臣に就任すると、麴町富士見町の大臣官邸に入る。そして明治二五年、農商務大臣辞任後、大阪・和歌山に滞在していた頃、王子西ヶ原《にしがはら》の家の普請がおこなわれていた（四月二三日、亮子宛陸奥書簡、二七日、岡崎宛陸奥書簡）。陸奥の死後、同所は古河家の手に渡り、現在、旧古河庭園として知られる。明治二八年五月に東京に戻ってきた陸奥は、西ヶ原と大磯で暮らす。それは、最終的には死に至る長い闘病生活ではあったものの、その間も、陸奥の活発な政治活動は続いた。

第七章　日清戦後の内外政——知られざるもう一つの活動期

1　『蹇蹇録』

朝鮮政策の検討

日清戦争開始後の明治二七（一八九四）年八月、陸奥は閣議で朝鮮政策についての方針を定めるよう求め、（甲）内政不干渉、（乙）名義上独立国と認めつつ日本による保翼扶持、（丙）日清両国による独立担保、（丁）中立国化、の四案を提示した。ただこの時点では、未確定事項などが多いために方針決定には至らず、当面乙案をとりながら、後日改めて確定することとなった。

九月、首相の伊藤は朝鮮における内政改革の進み具合と大鳥駐朝鮮公使の手腕に疑念を持ち、その後任について、盟友で内相の井上馨に相談する。井上が自ら担当することを申し出たため、伊藤は井上を特別な資格で朝鮮に派遣しようとしたが、これに抵抗したのが陸奥であった。井上を特派弁理大臣とする旨を伝え、委任状を速やかに送るよう求めた伊藤に対して、陸奥は、特派弁理大臣とはいかなる性質のものか理解に苦しむ、井上を公使にするのが気の毒なら自分を公使として派遣してほしい、と強く反対している。結局、井上は公使に任命された。

井上は、明治維新以来の内外政を第一線で経験してきた自らの手腕で朝鮮近代化を成功させたい、と勢い込んでいた。しかし、独立の基礎を強固にするためということで朝鮮の内政に干渉すれば独立を侵害するようなかたちになるし、また他方で、日本が朝鮮に十分な支援を与えなければ朝鮮側には他国を頼ろうとする動きが出てくる。朝鮮が日本を頼りながら近代化政策を進めるというのは、そもそも無理のある構想だった。伊藤や井上と違って朝鮮の近代化ということにほとんど関心のない陸奥は、朝鮮への資金援助などを求める井上からの要請に可能な範囲で応えてはいたが、むしろ担保を確実に押さえておくといったところを気にしていた。

明治二八年四月、前述の通り、三国干渉が発生する。すでに陸奥だけでなく伊藤や井上も、朝鮮内政改革策の行きづまりを実感していた時期である。そこで、三国干渉受諾を公表した後、陸奥はまず、朝鮮の独立維持に関する列国共同保証をイギリスに提起し、それが成立すれば朝鮮に駐屯する日本兵を撤退させようとした。また陸奥はそもそも、朝鮮が日本を頼りながら内政改革を実行し、長期的に日本は利益を得られるという展望に懐疑的であり、改めて朝鮮政策に関する政府方針の確定を訴えた。

五月二五日、ロシアの機先を制するため、陸奥を含む東京の閣僚は、日朝関係の特殊性を否定し他国との協力を表明する趣旨の宣言を各国政府に対しておこなうことを決議した。陸奥は五月中旬に一足先に東京に戻り、伊藤はまだ京都にいる。審議を求められた伊藤は、その問題を天皇の東京還幸後に決定するとした。陸奥は数日前の二二日の伊藤宛書簡で、朝鮮問題について何事も天皇還幸のうえ決定するというのはもっともだ、と記している。それでいてこの二五日の決議をおこない、伊藤もまた還幸後の決定という回答を繰り返したのであり、両者の不一致が目立ち始めている。

結局、朝鮮に対してはロシアと提携してことをなしてはどうかとのフランス公使の発言があったことで、陸奥は列強に対する宣言自体は時機を失したと判断する。そのうえで、朝鮮に対して依然従来の方針をとるのか、あるいは自働他働にかかわらずこの際干渉政略をやめて通常条約国の関係に立ち戻るのか、とにかく一定の方針を定めておくことが刻下の急務だとして、再度廟議の確定を促した。しかし、それについて六月四日の閣議の決定は、「将来の対韓政略は、成るべく干渉を息め、朝鮮をして自立せしむるの方針を執るべし。故に他動の方針を執るべきことに決す」といった曖昧なものであった（『日本外交文書』）。

忍び寄る病魔

その直後の六月五日から、陸奥は病気を理由に三〇日間の休みを与えられた。これは、療養が必要であるというのも本当だった。数か月後の発言だが、明治天皇は陸奥の病について、「本人は深く感ぜぬ事なれども、何分大患の由なり」と述べている（「佐々木高行日記」一〇月二日）。

原敬の六月三〇日の日記には、次のように書かれている。陸奥は二、三年前から肺患にかかり、多忙で静養のひまがなかったが、そのため病状が悪化した。医師の橋本綱常《つなつね》の見立てでは、少なくとも二か月は休養しなくては重病になってしまうとのことであった。そこで原は、陸奥が療養している大磯に行き、七月五日が賜暇《しか》の期限だがさらに延期を願うべきこと、しかも今後は一切事務を見ないで治療に専念すべきことを勧告し、陸奥もそれを受け入れた。

ちなみにここで名前が出てきた橋本綱常は、陸軍省医務局長を務め、日本赤十字社病院の初代院長でもあるが、実は第一章で紹介した、陸奥が錦戸広樹と名乗っていた頃の長崎での写真に一緒に写っていた人物である。三〇年越しの縁であった。

原は他方で、病気にかこつけて政治的に動く陸奥の姿も記している。八月二五日の日記には、陸奥は病気を理由に辞表を提出したが、実は「病気は表面のこと」で、伊藤内閣が不安定と見て辞したのだと書かれている。

この時代、政治指導者たちが病気を名目に一時的にサボタージュをしたり辞職したりするのはよくあることだった。ただ陸奥の場合、本当に重大な病を抱えており、実際に床を離れられないときもあったのだから、ずいぶん迫力のある仮病だった。

なお陸奥は八月二〇日、前年に条約改正の功で子爵となったのに続き、伯爵の位を授けられている。

伊藤と陸奥

明治初年以来の伊藤と陸奥との親密な関係は、つとによく知られている。たしかに、二人が互いの能力を高く評価していたのは間違いない。伊藤首相・陸奥外相というのは両者が最も力を発揮できるかたちであり、ともに、それ以上のパートナーはいなかった。

明治七年、陸奥が政府の職を辞する際、伊藤は木戸孝允への書状で陸奥をしかるべき地位に採用できないかと問い、「誠に秀才の人物を失い候《そうろう》儀《ぎ》残念、殊に友誼においても気の毒千万」と書いている（一月七日、木戸宛伊藤書簡）。明治一一年、陸奥に禁獄五年の刑が下り、さらに位階剝奪が決まったと聞いたときには、岩倉具視に強く反対意見を伝えている。陸奥は勤王のために東奔西走し、特に新政府樹立の際に尽力したことは伊藤自身が目撃しており、かつ「才力も不乏《とぼしからざる》人物」なので、今回罰を受けたとはいえ折を見て登用していただきたいというのはしばしば言上してきた通り、というのである。（九月二三日、岩倉宛伊藤書簡）。

ただ実は、伊藤と陸奥の関係性は、伊藤・井上間の友情であるとか、あるいは陸奥・原間の信頼とは異なるもので、そこにはある種の緊張関係があった。日清戦争が終わり、三国干渉が一段落したところで、それが顕在化してくる。

五月、陸奥は三国干渉関連の外交記録をまとめた文書、「露独仏三国干渉要概」を外務省で作成し、各国駐劄《ちゅうさつ》公使などに送付した。これを読んだ伊藤は、穏当でない個所が見受けられる、公使にまだ送っていなければ配布を見合わせてほしい、万一漏洩してしまっては一大事であり特に日本国内においては必ず秘するように、と伝えている。しかし陸奥は、海外使臣についてはすでに送付してしまった分もある、などとして取り合わなかった（六月一日、陸奥宛伊藤書簡、二日、伊藤宛陸奥書簡）。朝鮮政策をめぐっても、伊藤と陸奥の考えが合わなくなってきたことは、前に記した通りである。

伊藤のジュニア・パートナーからの脱皮

さらに明確に陸奥が伊藤に対して批判的な姿勢を示したのが、伊藤渡清問題である。五月の三国干渉受諾というのは、あくまで、遼東半島の永久保有を放棄すると宣言しただけであって、下関条約自体は成立している。つまり、遼東半島はいったん日本側に割譲され、日清間の交渉を経て、清に還付することになっていた。ただこの交渉は途中から、特に償金額について、実質的に日本とロシア・フランス・ドイツ三国との交渉となる。日本側は、清が支払い可能、かつ列強に認められる範囲で、なるべく多額の償金を得ようとしていた。

九月、この状況を憂慮した李鴻章は、駐清公使に転じて清側との交渉に当たっていた林董を通じて、日清が遼東問題で速やかに妥協し、第三国の容喙を排除することを伊藤に求めた。

伊藤博文

李は林に、伊藤に直接自分の言葉を伝えるよう頼んでいた。日本側に対して何かを主張する際、伊藤との個人的なつながりや日清、東洋の連帯に訴えるというのは、日清戦争中以来、李の一貫した戦術である。

李と同様の感覚を持つ伊藤も、この求めに応じ、清に渡って交渉に乗り出そうとした。陸奥が反対したのに対して伊藤は一七日、陸奥に書状を送り、ぜひ行きたい、と再考を求めた。しかし陸奥は一八日に大磯から帰京し、さらに大いに不同意を唱える。伊藤は結局、渡清を断念せざるを得なかった。医者のベルツの日記によると、無理をして帰京したことで陸奥の病状はさらに悪化したらしい。遼東還付条約は一一月八日に締結され、償金額は三〇〇〇万両となり、その支払いが済んだ後に日本軍は撤退し還付が完了する。

陸奥は、清や李鴻章を交渉相手として信用していなかった。同時に、日清関係を強化しようとすることで東洋対西洋といった構図が生まれるのを懸念しており、また内外に処理すべき事項が山積しているにもかかわらず外交当局者の無能を示すかのように首相が自ら海外に赴くという点についても、問題視していた。こうした伊藤批判の言は、「陸奥宗光関係文書」中の文書に、はっきりと記されている。李・伊藤間の指導者外交は、外相陸奥の抵抗によって抑え込まれた。

井上馨の駐朝鮮公使任命のところでも触れたように、陸奥は、外務大臣・外交官・外務省の所管領域を確立することにこだわりを見せていた。日清戦争中の前年一二月、天津海関税務司のデトリングが李鴻章の書状をたずさえ、伊藤との面会を求めて神戸にやって来るという一幕があった。李は、かつて伊藤と天津条約を結んだことに触れ、伊藤との個人的紐帯に訴えて早期の戦争終結に導こうとしていた。この書簡についても陸奥は『蹇蹇録』のなかで、李鴻章は清国政府を代表する権能を有さず、伊藤も内閣首班の位置にいるとはいえ直接外交に当たるいわれはないのであって、李が伊藤に送った書簡は、「その文体如何にかかわらず、その実は一片の私書と認むるの外なし」と断じている。

日清戦争後、伊藤は度々首相を辞めようとし、さらに一一月以降、ヨーロッパに行きたいという意向を示していた。そろそろ、いったん自由な立場になりたかったのである。それもまた、陸奥は西園寺公望や山県有朋と組んで抑え込んだ。

ありていに言えばこの頃陸奥は、伊藤につき従うことで台頭していくという方針を捨て、次なる飛躍を目指し始めていたのだった。

西園寺公望と陸奥

そうした伊藤と陸奥の緊張関係を見抜いていたのが、西園寺公望である。西園寺は、「伊藤と陸奥はよく馬があい、殊に日清役《えき》のころはそうだった。しかし両方がなかなか油断しない風があった」としている。「伊藤はあてにならんから、いっそ山県に就こうかと――陸奥と山県とは余程懇意であったから、本気にそう思ったこともあったろうが、結局やはり伊藤と相依り、相助けて、世を終るまで渝《かわ》らなかった」とも述べている（『西園寺公望自伝』）。伊藤・陸奥双方と深く親交のあった西園寺ならではの、的を射た観察である。

西園寺公望

西園寺は、陸奥より五歳若く嘉永二（一八四九）年生まれ。近衛などの摂家に次ぐ清華家《せいがけ》の家格である徳大寺家に生まれ、西園寺家に養子に入った。年少ながら戊辰《ぼしん》戦争に従事し、じきにフランスに留学した。フランス滞在期間は約一〇年に及ぶ。第二次伊藤内閣で文部大臣となり、陸奥が休暇に入った明治二八年六月以降、外務大臣臨時代理を務めた。後に立憲政友会総裁の座を伊藤から引き継ぎ、二度首相を務め、昭和期にはいわゆる最後の元老として日本政治に影響を与えた。

伊藤と同様、西園寺もまた、陸奥と大変親しかったことが知られている。駐墺公使時代に陸奥の猛勉強ぶりを見て伊藤に登用を勧めたのは、前述の通りである（第三章2）。『蹇蹇録』が陸奥の自著であると証する一筆を寄せており、また雑誌『世界之日本』の名付け親でもあった。

もっとも、それだけ西園寺が陸奥をよく理解していたということでもあるが、西園寺の陸奥評は、少なからず辛辣《しんらつ》である。陸奥は敏感で名を落とすことが嫌いで、行きづまると西園寺に頼みにきたという。外務大臣の臨時代理についても、「有り難い、用が済んだら返すんだぞ」と陸奥が言うのに対して、西園寺は、それはもちろんだと答えて引き受けた（『西園寺公望自伝』）。

大磯で療養中の陸奥が遼東還付をめぐるロシアなどとの交渉の長期化を心配して長文の意見書を西園寺に送ると、西園寺は伊藤への書状でそれを、「頗る田舎漢を不免《まぬかれざる》の感に有之《これあり》」と評している（八月四日、西園寺宛陸奥書簡、五日、伊藤宛西園寺書簡）。実際、陸奥は遼東還付問題の沿革と対応策を根本的に考え直し日本政府の方針を確定するよう求めたが、そのようなことはせずとも交渉は着実に積み重ねられ、還付条約の調印に至った。原則に立ち返って方針を確定せよという陸奥常用の主張が、一蹴された感じである。

『蹇蹇録』

明治二八年の後半、陸奥が精魂傾けたのが、日清戦争に関するメモワールである『蹇蹇録』の作成であった。記述内容の多くは、公文書を引用しているか、あるいはそれに基づくものだった。しかしそれは、単なる外交記録集ではない。陸奥は緒言において、公文記録を実測図面に、『蹇蹇録』を写生絵画にたとえ、執筆意図を次のように巧みに表現している。

『蹇蹇録』

「公文記録はなお実測図面の如く、山川の高低浅深、唯々その尺度を失わざるを期するのみ。もし更に山容水態の真面目を究めんとせば、別に写生絵画を待たざるべからず。本編の目的とする所、乃《すなわ》ち当時外交の写生絵画を作らんとするにあり」

執筆は、陸奥が口述したものを筆記、浄書し、できあがったものをさらに陸奥が確認するかたちで進められた。途中でわからないことがあれば、例えば人名や事実関係について、林董であるとか中田敬義に尋ねた書簡が残っている。緒言には「明治二十八年除夜大磯において」、末尾にも「明治二十八年除夜脱稿」と書かれている。しかし実際にはその後も推敲《すいこう》が続き、明治二九年二月に書き上げて三月に第一次刊本ができあがる。さらに、冊子としての体裁に陸奥が不満を覚えたため判型などが変更され、文章表現も修正されて、五月に第二次刊本が各国駐劄公使に送られた（『蹇蹇録』解説）。陸奥の手もとに置かれたものには、「是《これ》福堂（＝陸奥）が親しく口授して速記者をして筆せしむる所なり」云々という五月二九日付の西園寺公望の書き付けが附されている（「陸奥宗光関係文書」)。西園寺という証人に、これは誰かに書かせたものではなくまぎれもなく陸奥自身の作である、とお墨つきをもらったわけである。

『蹇蹇録』は長らく秘本扱いされていたものの、実際には、陸奥自身がさまざまな人物に渡し、あるいは見せていた。陸奥は『蹇蹇録』を書くことで、三国干渉を失態と批判する国内の声に反駁し、それを機に、次なる政治的台頭を見すえていた。

日清戦後外交と西徳二郎

この頃、陸奥が頼りとしていた相談相手が、駐露公使の西徳二郎だった。西はおそらく現在では、硫黄島《いおうじま》の戦いで戦死した息子のバロン西(西竹一《たけいち》。ロサンゼルスオリンピック馬術金メダリスト)の方が有名だと思うが、この時期の日本外交を考えるうえで重要な人物である。

陸奥が特に西に意見を求めたのが、同盟論についてである。当時、日本はイギリスと、あるいはロシアと同盟を結ばなくてはならないという声が朝野で上がっており、陸奥はこれに否定的な見解だった。明治二八年一一月三〇日、陸奥は西への書簡において以下のように記している。日本は目下、日本人が思うほど列国から尊重を受けているとは思えない。今しばらく機をうかがってまずは自己の勢力を養成するのが第一、というのが自分の考えである。ただ、今後さらに議論が高まる可能性があるため、日露同盟はどのような条件で可能か、また日露の同盟が必要だとして、現在提議するのと数年後に日本の勢力がロシアに重視される時機を待つのとどちらがよいか、意見を聞かせてほしい。

翌明治二九年一月、西は返事を書き、日露同盟の模索は時機を待った方がよいとして、自己の勢力養成が第一であるという陸奥の意見に賛意を示した。西は、朝鮮に関して日本がこのまま自重・平和方針をとれば、ロシアも急に武力を用いて現状変更をするつもりはないと見ていた。

小村・ウェーバー協定

明治日本にとって、長年の二大外交課題は、条約改正と対清関係であった。その二つとも、明治二七年から二八年にかけて一段落する。そこで新たに外交上の焦点として浮上してきたのが、朝鮮をめぐる対ロシア関係であった。陸奥が『蹇蹇録』を執筆し、また西と意見交換をおこなっているうちに、その情勢は悪化の一途をたどっていく。

明治二八年六月、駐朝鮮公使の井上馨が帰国し、やがて公使を退任する。七月には三浦梧《ご》楼《ろう》が後任に決まり、八月、駐朝鮮公使に任じられる。三浦は長州出身でかつて谷干城らと並び陸軍反主流派の雄だった人物であり、外交経験は皆無と言っても過言ではない。朝鮮において井上の内政改革策が行きづまっていることは明らかで、井上の公使退任も既定路線だった。しかし日本政府は、適当な後任も、内政改革策に代わる政策も、見出すことができなかった。その空隙を埋めるかたちで、三浦が選ばれたのである。

　三国干渉後、朝鮮では日本の威信が落ち、代わりにロシアの影響力が増していく。日本側は、国王高宗《こうそう》の妃である閔妃《びんひ》が権力を握り、親露・反日的方針を推し進めているものと見ていた。そうしたなかで朝鮮に赴任した三浦は一〇月、王宮襲撃事件を起こし、閔妃は殺害される。当然、朝鮮における日本の立場はさらに悪化した。日本と関係が深いと見られていた金弘集政権への反発も強まり、朝鮮各地で暴動が発生する。そして明治二九年二月一一日、国王高宗が在朝鮮ロシア公使館に移ってしまった（露館播遷《ろかんはせん》）。

　この事態に対処すべく、日本ではロシア側と折衝しようと二つのルートが動き始める。一つは、外務省正規ルートである。外務大臣臨時代理の西園寺や首相の伊藤は駐日ロシア公使と、駐露公使の西はロシア外相と折衝を重ね、三月、西園寺は召還された三浦に代わって駐朝鮮公使となっていた小村寿太郎に、駐朝鮮ロシア公使との協議に着手するよう命じる。そしてそこから約二か月のやりとりを経て、五月一四日、小村・ウェーバー間で覚書が交わされた（小村・ウェーバー協定）。朝鮮国王に対する王宮帰還の勧告や電信線保護のための日本軍の扱い、あるいは治安回復までの日露双方の衛兵駐留などについて定めたもので、だいたい初めの日本提案に沿っていた。国王還宮については即座に実行してもかえって混乱が生じるため、途中から外相に復帰していた陸奥や小村も強行は望んでおらず、ひとまず外交上の行動としてロシア側に対して還宮の提議をおこない、一日も早い実行を求めるにとどめた。

山県・ロバノフ協定

もう一つは、特使ルートである。二月二〇日、日本政府は、ロシア皇帝ニコライ二世の戴冠式に伏見宮貞愛親王《ふしみのみやさだなる》とともに山県有朋を派遣し、朝鮮に関する協議をロシア側とおこなうことを決めた。これについて陸奥は、それまでの井上の朝鮮公使就任や伊藤の渡清計画に対する反応から考えれば、権限不明確な元勲級指導者による非正規ルートの外交には、強く反対するはずである。

ところが陸奥は、山県にロシア行きを勧めている。このとき、伊藤がロシアで協議をおこなうことに意欲を見せており、それを妨げる手段が山県の特派大使就任だった。外交能力に自信を持つ伊藤は、自らの裁量でさまざまなことを決めてしまう恐れがある。山県の方が、そうした危険性は小さいように見えた。逆に言うと、積極的に山県に行ってほしいと思っているわけではないので、陸奥はその後もう一度、特派大使そのものを中止にできないかと言い始める。そして山県派露が不可避となると西に山県への助力を求め、実質的に西とロシア側との交渉になるよう導こうとした。

六月、数日間のうちに交渉は一気に進み、九日に四条および秘密条款二条からなる議定書が成立した（山県・ロバノフ協定）。第一条で朝鮮政府への財政支援、秘密条款第一条で日露両国が朝鮮に兵を送る必要が生じた場合の用兵地域の画定について記されたものの、日本側としてはあまり得るところのない協定であった。むしろ小村・ウェーバー協定から後退してしまっているような面もある。例えば朝鮮国王の還宮については、五月にその時点での実行は困難とわかっていながらあえて外交上の行動として提議し、他日の主張の根拠をつくったはずであった。にもかかわらず、山県・ロバノフ協定の秘密条款第二条は、朝鮮人が軍隊を組織するまで日露両国軍隊の駐留権を定めた小村・ウェーバー協定の条項は効力を有し、朝鮮国王の護身に関して現に存在する状態も継続する、というかたちで朝鮮国王がロシア公使館に滞在する現状を認めてしまっていた。ロシアとの交渉には、山県だけでなく西も通訳兼副使のような立場で出席していたのだが、ロシア側の議論の枠組みに乗って協議しているうちに、そうした取り決めになったようである。その間、山県・西と日本本国とのやりとりは一切なかった。

一般的には、小村・ウェーバー協定と山県・ロバノフ協定は二つ一緒に語られることが多いが、以上の通り、陸奥や外務省の関わり方は、二つの間でずいぶん異なっていた。陸奥は、おそらく山県に面と向かっては言わなかっただろうが山県・ロバノフ協定に対して批判的であり、じきに政争の道具として使っていく。

対露方針の確定

半年以上にわたって外務大臣の臨時代理を西園寺に任せていた陸奥は、朝鮮問題への対応のためにまず明治二九年二月から三月にかけて東京に戻り、四月に外相に復帰する。際限なく中途半端な状況にしておくわけにはいかないというのと、一応体調が落ち着いたこともあって、復帰したのだった。しかし結局長くは続かず、五月末に辞任することとなる。

その間に陸奥は、対露関係と朝鮮政策に関する閣議案を提出した。ロシアが遼東港口へのシベリア鉄道の延長や朝鮮保護国化を図った場合に、（甲）最終的には兵力を用いることも覚悟して徹底抵抗、（乙）武力行使につながるような措置は避ける、というどちらにするかを問い、乙の方針への確定を訴えたのである。これは通常の閣議決定の形式になっていないのだが、各大臣の花押が入った文書が伊藤の私文書中にある。

閣議では陸奥の要請通り乙案が採択され、伊藤内閣はロシアとの軍事衝突を避けるという方針を決定した。朝鮮をめぐってロシアと戦う覚悟を持つか、朝鮮放棄か、という二つの極論を提示して後者を選択しているのが興味深いところである。多くの場合、そうした議論は、むしろ戦闘を覚悟してでも朝鮮を確保すべしという結論を導くために用いられた。後年の日露戦争前の状況などはまさにそうである。それに対して三国干渉以降の数年間は、戦闘よりは撤退、葛藤の惹起よりは不干渉が、明確に選択された。

五月、日露接近の兆候が現れるなかでイギリスが急遽、日本に朝鮮の共同独立担保を打診する。しかし陸奥は積極的に応じず、それ以上話は進展しなかった。この時点での陸奥の外交構想は、イギリスの助けを得てロシアの朝鮮進出を阻むというものではなかったのである。陸奥や、陸奥と意見交換をおこなっていた西は、非同盟・日露協商路線を日清戦後の日本外交の方針として設定していた。ロシアとの対立は避けて必要な協議をしつつ、軍拡など日本自身の国力養成に専念するということである。陸奥や西は、武力や領土拡大よりも、合理性や利益の観点からロシア外交を分析しており、得にならないのだからロシアは急速に朝鮮の独立を侵害するようなことはしないだろう、と考えていた。

2　幻の自由党総理就任

ハワイ療養と日本の政界

外相を辞した陸奥は六月、転地療養のため、ハワイに向かった。このとき、万一のことがあったときのためにということで遺書を書いている（「陸奥宗光関係文書」）。そして八月中旬、ちょうど伊藤内閣が退陣する頃に帰国した。多少は療養の効果はあったかもしれないが、完治は望むべくもなかった。

少々さかのぼると、条約改正問題で伊藤内閣と対立してきた対外硬派は、遼東半島還付、閔妃殺害事件、露館播遷といった問題で伊藤内閣を批判し続け、この年の三月、改進党を中心に合流し、進歩党を結成した。反対に自由党は、遼東半島還付問題で政府の責任を追及せず、次第に伊藤内閣との提携を本格化させていく。このとき、陸奥も関与はしたが、直接的には伊藤側近の伊東巳代治が伊藤内閣・自由党間の提携関係を築いた。もともとあまり良好ではなかった陸奥およびその周辺と伊東との関係は、より緊張感を増してくる。

自由党が与党化したことで、前年末からの第九議会は順調に進んだ。その行賞の意味もあって、明治二九年四月に板垣退助が内務大臣に就任する。

日清戦争が終わった時点で伊藤は政権存続にこだわりはなく、何度も辞職の構えを見せていた。そしてついに九月、退陣となる。後継内閣は首相が松方正義、外相が大隈重信で、いわば自由党を与党とする伊藤内閣から進歩党を与党とする松方内閣への政権交代であった。

雑誌『世界之日本』と外交論

その頃陸奥の周辺で生じた大きな出来事が、雑誌『世界之日本』の発刊であった。『世界之日本』は、主に外交について世論を啓蒙するために陸奥および西園寺、竹越與三郎《たけこしよさぶろう》（三叉）ら陸奥周辺の人物が発刊を計画し、明治二九年七月に第一号が発行された。第一号の巻頭論説、「世界の日本」は、外交と国際関係の根本についての議論である。

「外交の要素に三あり、一は国民自然の位地也《いちなり》。二は武力の強弱也。三は外交に関する国民智識の多少、是《これ》也。国民の地位、武力の強弱は有形の勢力にして、実形以上自ら増減変化す可《べか》らずと雖《いえど》も、此《この》二者を屈伸利鈍ならしむるものは、国民の外交的智識にして、其《その》多少得失によりては、国民の位置、武力をして、或は十二分の功を奏せしむることあり、或は一半の効力を失せしむることあり。論者多く云う、外交家背後の大勢力は武力にありと。然《しか》れども我輩は云わんとす、国民外交上の智識にありと」

外交を支えるものとして、一般的に言われている武力ではなく、智識が重要であると主張した。そして、国際関係において武力は重要な要素ではあるもののそれがすべてではない、武力に至るまでに操縦の余地は十分にある、道徳による統制はいまだ不完全だがそれが絶無であると考えるのは誤りである、と論じた。

あわせて分析した方がわかりやすいので、続けて、同盟について論じた第二号の論説、

「外交同盟の楔子《けっし》」も見てみよう。

「方今《ほうこん》の外交論者は、果して同盟を以て容易に実行し得べき事なりと信ずる乎。我国力は果して某国と同盟を結びて、之を維持し得るものと信ずる乎。同盟の論は甚だ易し。紙上の議論においては、欧洲列国を撃倒するの策も容易に立て得べし。唯だ、実行す可らざる策論は夢よりも淡く、而して国民をして其空論虚策を信ぜしむるに至ては、国家の深憂大患を養うものに非ずや」

実際上の見通しもなく同盟論を主張する風潮を、批判しているのである。陸奥が同盟論に批判的だったことはすでに述べた。雑誌『世界之日本』は陸奥がハワイに滞在している間に創刊されるかたちになったとはいえ、それ以前に陸奥と竹越は頻繁にやりとりをしており、『世界之日本』の外交論には、多分に陸奥の意見が反映されている。

この第二号の論説には、「我国民が外交の智識を得たる時日は最近一ヶ年半に過ぎず」という表現が出てくる。三国干渉ショック、ということである。

三国干渉を機に、日本国内では、国家間関係において重要なのは力であるとの声が高まった。徳富蘇峰の述懐は有名である。「此の遼東還附が、予の殆ど一生における運命を支配したと云っても差支《さしつか》えあるまい。此事《このこと》を聞いて以来、予は精神的に殆ど別人となった。而してこれと云うも畢竟《ひっきょう》すれば、力が足らぬ故である。力が足らなければ、如何なる正義公道も、半文の価値も無いと確信するに至った」（『蘇峰自伝』）。

しかしそれは、民間の反応である。政軍指導者や外交官は、もともと国際社会で軍事力がものを言うということはよくわかっていたし、三国干渉も、十分に列強の干渉を警戒するなかで、対応が追いつかずに発生させてしまったものである。三国干渉を機に、国際社会に対する認識が極端に変化するなどということはなかった。

それでも、例えば軍指導者であれば、軍拡を推進するためには安全保障環境の厳しさを強調するような言説が広まった方がよいという面もあるだろう。しかし陸奥は、外交が担う領域を確保したいのである。すべては武力で決まる、では陸奥が能力を発揮する余地がない。

それは、外交に限らず陸奥の政治活動全般に関わる議論でもあった。後に雑誌『世界之日本』は、藩閥政府内で能力を発揮する陸奥を、ナポレオンに対するタレーランになぞらえて評した。いわく、ナポレオンを戴いた武断主義が天下を席巻するに当たり、タレーランは不幸にして兵権を有さなかったが、「仏国智力の絶頂は余にあり、何人が政権を取るも、如何なる主義が勝を得るも、畢竟余の力を藉《か》らざるべからず」と信じ、その通りになった。そして陸奥もまた、「其藩閥に対する進退動作を見るに、殆んどタレーランがナポレヲンに対して昂々然、智力を以て自ら高しとし、遂に之を屈せずんば已まざりしものと相似たるものあり」、というのである（「陸奥宗光伝を読む」）。

雑誌『世界之日本』第一号の巻頭論説で展開されていたのは、外交において武よりも智が重要だ、という議論であった。それは、智力を武器に、外交で手腕を発揮し、また巨大勢力である藩閥のなかで活躍する陸奥を高く評価するということと、連動する主張である。外交とは何かと訴え、智が重要な位置を占めるものとしての外交像を根づかせようというのは、陸奥自身の政治的地位の向上につながる話だった。

新聞『世界之日本』と政局

松方内閣が成立し、陸奥が敵対してきた対外硬派の指導者的位置づけの大隈が外務大臣となったことで、雑誌『世界之日本』の議論は政権批判の色彩も強くなった。焦点となったのが、朝鮮政策、とりわけ山県・ロバノフ協定である。もともと、山県がなぜニコライ二世の戴冠式に合わせてロシアを訪れたのか、そこでどのような取り決めがロシア側となされたのか、ということについて雑誌『世界之日本』は第一号から繰り返し論じており、大隈や対外硬派とは無関係に重要な論点であった。しかし次第に、ロシアとの間で協定はあるのか、あるならどのような内容なのか、その協定と大隈の外交方針との関係はどうなっているのか、と大隈を追及する材料に使われるようになった。

そこでさらに利用されたのが、翌明治三〇年創刊の新聞『世界之日本』である。雑誌『世界之日本』が外交に関する世論の啓蒙という意識をもってつくられたのに対し、新聞の方は初めから、政権批判が目的だった。なお名称は、新聞が『日刊世界之日本』、雑誌はそれに合わせて『月刊世界之日本』となるが、本書では、雑誌『世界之日本』、新聞『世界之日本』というかたちで表記する。

陸奥は朝鮮政策について自ら原稿を書き、新聞『世界之日本』第二号（一月九日）の社説とした。在野時代の大隈は伊藤内閣の対清・朝鮮政策を軟弱と非難していたにもかかわらず、外相としては対外硬の看板に見合った外交政策をおこなっていない、という趣旨であり、そのなかで山県・ロバノフ協定の問題を取り上げていた。陸奥は一月一〇日の竹越への書簡においてその朝鮮論を、伊東巳代治傘下の『東京日日新聞』も一歩出し抜いた感があると自賛した。

同じ頃、衆議院でも自由党の鈴木充美《みつよし》が朝鮮情勢と山県・ロバノフ協定についての質問をおこなう。それに対し大隈は、当時まだ公表されていなかった山県・ロバノフ協定および小村・ウェーバー協定を公開し、その沿革を説明した。そして在野時代に朝鮮独力扶植論を唱えていたこととの整合性を問いただされると、かつての自らの考えや発言については明言を避け、前政権である伊藤内閣の対露協商・列国共同方針を踏襲することを表明した。

実は、鈴木と竹越とを引き合わせたのも、また板垣らに加えて鈴木にも朝鮮政策についての社説を掲載した号の新聞『世界之日本』を送るよう竹越に勧めたのも、陸奥であった。陸奥は、山県・ロバノフ協定を利用した大隈外相追及を主導していたのである。

協定の公開といっても、山県・ロバノフ協定の秘密条項は公開されていない。そこで新聞および雑誌『世界之日本』と鈴木は、まったく同じ論法をとってさらに追い打ちをかけた。協軍事に熟練した山県が朝鮮兵訓練の話をしていないはずはない、大隈外相も公表したのは協商条約の一部だと語ったと伝えられている、というのである。新聞『世界之日本』は、朝鮮における日露両軍の衝突回避についての条項があるはずだ、とまで主張した。元外相・陸奥宗光は、明らかに、外交機密をもらしていた。

好意的に解釈するならば、陸奥はこのように言論戦をしかけることで、外相の大隈に前内閣の路線継承を明言させ、朝鮮における自重や日露協商路線といった日本の外交方針を明確にした。もっとも、無論、大隈や対外硬派、あるいは松方内閣を批判したいという気持ちも持っている。陸奥が好んだ一石二鳥、つまりその両面があったということかもしれない。

　日清戦後の陸奥は、大半の期間、大磯で療養している。とはいえ、ここまで見てきたように、政治への関与は依然として活発におこなっていた。議論好きなのも、相変わらずである。医者からは談話が三〇分以上に及ぶと発熱の恐れがあると言われていたものの、忠告を聞き入れていなかった（『読売新聞』明治二八年八月一五日）。

　明治二九年二月八日、別荘のある静岡県興津《おきつ》からひそかに東京に赴いた井上馨がその帰途、陸奥を訪問する。たいした話をしたわけではないのだが、井上は、帰京自体が秘密なので、陸奥のもとを訪れたことも秘密にしておいてほしいと述べていた。ところが陸奥は岡崎邦輔に、井上が秘密と言っているので自分がもらしたことがわかってはよくないが、としつつ、なんとか工夫して、井上が大磯に立ち寄って陸奥を訪ね、「長談数刻」に及んだとの記事をどこかの新聞に

大磯の陸奥

載せてほしいと伝えた。陸奥周辺で何か政治的な動きがあるように見せる情報操作である。その後、山県や内務大臣を辞した直後の野村靖がやって来たことも、岡崎に知らせている（二月九日、一〇日、岡崎宛陸奥書簡）。井上、山県、野村の大磯訪問は、実際に新聞で報じられた。

日清戦争後、亡くなるまでの陸奥に最も親しく接した人物の一人、竹越與三郎は、大磯での陸奥の様子を次のように語っている。

「多くは三十八度以上の熱なりと雖も、平然として知らざるものの如く、談論数時に亘《わた》り、家人の忠告により初《はじめ》て中止するが如きこと少からざりしと雖も、実は歩々層々死期に向って近よりつつありし也。併《し》かも彼れ、猶《なお》覇気鬱勃《うつぼつ》として已まず、前途に向って幾多の計画を画く。余数《しばし》ば其政論を廃し、書を読み、草花を養うて浮世と相忘れんことを勧むるや、頭を振って曰く、余より政論を取りされば是余なき也。余今や口に政論を絶つも、脳中に幾多の内閣を作り、幾多の内閣を毀《こぼ》たば、口に語と何ぞ異ならんと」（新聞『世界之日本』明治三〇年八月二六日）

政論をやめ、穏やかに書を読み草花を愛でてはどうかと説かれたのに対し、陸奥の答えは、自分から政論をとったら何もない、今、政治談議をやめても、脳内でいくつもの内閣をつくり、いくつもの内閣を倒すならば、口で語るのと変わらないではないか、というものだった。政治に生涯を捧げた陸奥らしい言である。

政治談議は、病床の陸奥にとって、生きるよすがでもあった。明治二九年一二月二四日、陸奥は山県に書状を送っている。山県が発熱で引きこもっているとの新聞報道に接し、容体を気遣いつつ、翌春に大磯に来てはどうかと勧めた。伊藤も当分やって来る様子がなく、周囲がずいぶんさびしい、というのである。伊藤や山県は、陸奥と同じく大磯に別荘を構えている。陸奥は最後に、自身の体調は追々よくなってきているとして、「医言に依れば、来春暖和の比《ころ》には、全癒可致《ぜんゆいたすべし》との事に候」と記した。陸奥自身、そうであると信じたかったのかもしれない。

明治三〇年三月の雑誌『世界之日本』（第一三号）に、陸奥が著した論説、「古今浪人の勢力」が掲載されている。そこで陸奥は、自由民権説すなわち非藩閥論が最後の勝利を占めると論じ、以下のように記した。

「自由民権を主張せる今の浪人諸子よ、諸子の進行中には多少の反動を招き、多少の障害を受くるあるべきも、最後の勝利は、必ず此に在て彼れにあらざる也。苟も進歩変革が社会の常道たる以上は、浪人は常に勝つ。永久に勝つ。浪人の勝たざる社会は、滅亡化石の社会也」

もう自分は政治の世界に復帰できないのではないかと予期しているなかでの病床からの叫びのようにも、なお立ち上がろうとする不屈の闘志の表れのようにも、どちらとも受け取れる。

自由党総理の座

その頃、陸奥の自由党総理就任が計画される。自由党で内紛が生じ、脱党者が相次ぐなかで三月九日、政務委員の松田正久《まさひさ》が陸奥を訪問した。板垣に代えて陸奥を総理にしようというのである。板垣は三月一九日に総理を辞任する。そして陸奥の側からは、中島信行と岡崎邦輔が自由党に入った。数年前まで自由党の実力者だった星亨は、勢力を回復できないままいったん日本の政界を去り、このときは駐米公使である。自由党は、総理不在で林有造、松田、中島の三名が政務委員という体制になる。林は伊藤内閣と提携する際に自由党側で伊東巳代治のカウンターパートとなった人物だが、陸奥との間でも、西南戦争時の挙兵計画で連座した縁はある。多少の軋轢や内紛は想定されるにせよ、陸奥が望めば、自由党総理の座は手が届くところにあった。

ただ陸奥は初めから、少なくともすぐには、松田の求めに応じるつもりはなかったらしい。三月八日の岡崎宛書簡で、「即今直に彼等の希望に不応義《おうぜざる》なれば、多少失望難《まぬかれがたき》免歟《か》」と書いている。また、返答について、「何分病軀不堪其任《なにぶんびょうくそのにんにたえず》との旨を第一義といたし置候」としている（三月一三日、岡崎宛陸奥書簡）。引き受けない理由は他にあるのだがそれを相手方に伝えるのは好ましくないので病気を口実に断った、というニュアンスに見える。

もっとも、松田の反応はずいぶん気にしているようなので（三月八日、九日、岡崎宛陸奥書簡）、自由党入りや総理就任への意欲がなかったわけではない。自由党内の情勢がどうなるのかもう少し様子を見て、また板垣などとも対立しないようなかたちで、折を見て円満に実権を握りたいと考えていたのかもしれない。

しかしその後、陸奥の体調が好転することはなく、自由党を率いて首相になる道は開けなかった。

最晩年の坂本龍馬論

七月、古くからの知己である後藤象二郎危篤の報が伝えられると、陸奥は「後藤伯」（雑誌『世界之日本』第一八号）を口述した。大胆、弁才、奇謀といった才に恵まれたものの、忍耐と用心に欠けたために、多くの点において英雄の資質を有しながら英雄の業をなし得なかった、という後藤論も興味深いが、そのなかでさらに、坂本龍馬についても論じている。

「坂本は近世史上の一大傑物にして、其融通変化の才に富める、其識見議論の高き、其他人を誘説感得するの能に富める、同時の人、能く彼の右に出るものあらざりき。〔中略〕一方においては薩長土の間に蟠《わだかま》りたる恩怨を融解せしめて、幕府に抗対する一大勢力を起こさんとすると同時に、直ちに幕府の内閣につき、平和無事の間に政権を京都に奉還せしめ、幕府をして諸侯を率いて朝廷に朝し、事実において太政大臣たらしめ、名において諸侯を平等の臣属たらしめ、以て無血の革命を遂げんと企てぬ」

大局を見すえながら才を用いて諸勢力を動かしていくという、陸奥自身の志向を投影するかたちで、改めて坂本の功績を高く評価したのである。病床に長くいるなかで、坂本のそば近くで歩んだ幕末に思いをはせる機会も多かったのだろうか。陸奥は、他にも雑誌『世界之日本』に評伝を寄せる予定があり、坂本もその対象の一人となっていたのだが、ついに果たされないままに亡くなる。

なおその少し前、雑誌『世界之日本』の五月号（第一五号）に、陸奥は政治指導者たちの対話の癖について一文を寄せており、そのなかで自分のことも取り上げている。陸奥いわく、陸奥という人物はややもすると多弁に陥り、また「議論癖ありて往々口角沫を飛ばして他人と争論し、其勝を好むの弊あるや、勝に乗じて窮寇を追撃するを厭わ」なかった。したがって「彼が談論は、引証明晰、論旨正確、対談者をして敢て反駁の言を容るるの間隙なからしむるも、之が為め、時としては甚だ人をして不平不満足の念を懐かしむるを免れず」という（「諸元老談話の習癖」）。「他人を誘説感得するの能」を持つ坂本との差は、陸奥自身が一番よくわかっていたようである。

死

八月一二日から、原敬が連日、西ヶ原の陸奥のもとを訪ねる。原は明治二八年に林董のあとを受けて外務次官となったが、翌二九年六月、陸奥の外相辞任に合わせて駐朝鮮公使に転じた。駐朝鮮公使の小村が外務次官になるのと入れ替わる格好である。松方内閣になって朝鮮から戻り、その後しばらくは外務省に籍を置いていたが、この頃、官職を辞して大阪毎日新聞に移る話が進んでいた。そして大阪から戻り、一二日に陸奥を訪問したのだった。

陸奥が亡くなった八月二四日の原の日記には、哀惜《あいせき》の念が切々とつづられている。原はまず、農商務大臣と秘書官として公事をともにするようになってからを、「尓後《じご》今日に至るまで、余は全力を挙げて伯を補佐し、伯亦深く余を信任したり。而して今日幽明境を異にす。悲しまざるを欲するも豈《あ》に得べけんや」と振り返る。そして、陸奥と交わした最後の会話に記述が及ぶ。

八月一一日に帰京した原は一二日、陸奥のもとを訪れた。しかし陸奥は、原が大阪毎日新聞に移ることに決めたと息子の広吉を介して聞くと満足し、今日は疲れたので、ということで原とは会わなかった。原は一四日も陸奥邸を訪問したが、薬を飲んで寝ており面会できなかった。そして一六日、看護婦に抱えられながら陸奥は原と最後の言葉を交わす。原の大阪行きについてのほか、とりとめのない話をし、陸奥が食事をするという段になった。ここから先は、原文で引用しよう。

「平日ならば食事中尚更面白き談話もなしたることとなれども、余は心中においては最後の談話なりと思うに付、久しく平然として仮面を装うに堪えず、又伯の非常に疲労し苦痛を忍んで勉めて余と談話するの体を見るに忍びず。而して余は数年来、公事においても私事においても殆んど相謀らざることなきに付、伯の意見は此機に及んで新めて聞かざるも余は之を熟知せり。故に無益に長談して伯の疲労を増し、又互に悲傷の情を加うるに忍びざるに因り、何ずれ来月初めに出発することとなれば、其前には屢々参上御見

舞致すべし、との一語を遺して別を告げ、室外に出たり。将に階を降らんとする時、伯再び余を呼ぶと云うに付、室に入りたるに、

伯云く、彼地に行きて施すべき方略に付ては、尚お聞きに来たまえと。

余云く、何ずれ彼地に行て見なければ相分らざれども、其等は篤と勘考し、尚お御意見を伺うに参るべし。来月初までには間もあることに付、度々参上すべしと。

蓋し伯は尚お余に語らんと欲するものの如く、余と別るることを頗る厭うの情は容貌に現わる。余も亦、之を欲せざるには非ざるも、暗涙を催うして殆んど坐に堪えず、且つ家人は此くの如き場合において徒らに情に迫り、丈夫の交如何を解せざるも亦殆んど当然の事なれば、余の長談は家人も欲せざるべしと思うに付、忍んで別を告げたり」

自分が平静を装うのも、陸奥に苦痛を耐えさせるのもつらく、また数年来なんでもよく話し合ってきたので陸奥の意見は今さら改めて聞かずとも熟知しているということで、原は長居せずに部屋を出た。しかし陸奥が呼んでいるというので再び部屋に入る。そこで陸奥が発した言葉が、「彼地〔＝大阪〕に行きて施すべき方略に付ては、尚お聞きに来たまえ」であった。常に策を考えながら激動の人生を生きた陸奥から、大臣として公事にたずさわった期間、それを側近くで支え続けた原への別れの言葉としては、いかにもふさわしいものだった。

明治三〇年八月二四日、午後三時四〇分過ぎ、陸奥宗光逝去。享年五四。葬儀は二八日、浅草の海禅寺《かいぜんじ》でとりおこなわれた。

終章　近代日本と陸奥宗光——陸奥をめぐる人々

家族

最後に、陸奥の周囲の人々を取り上げながら、改めて陸奥の生涯と近代日本に残した足跡を振り返っていく。まずは家族である。妻の亮子については、すでに本書で何度か触れてきた。もともと病弱ではあったが、特に明治二六（一八九三）年に一人娘の清子を亡くしてからは床に臥せりがちであり、陸奥の死から数年後、明治三三年に亡くなる。

長男の広吉は、明治二〇年からイギリスに留学し、ケンブリッジで滞在したパッシグハム家のエセルと恋仲になる。明治二七年に帰国したときにエセルのことを家族に打ち明け、陸奥には猛反対を受けたものの、最終的には明治三八年に結婚した。明治二七年から翌年にかけて陸奥の身の回りや外務省の仕事に従事し、下関の講和談判にも立ち会っている。明治二八年、外交官試験に合格し、さまざまな国に赴任した。他の家族同様、身体は弱く病気がちであったが、昭和一七（一九四二）年まで生き、社会事業に取り組んだほか、陸奥の著作をまとめた『伯爵陸奥宗光遺稿』や祖父伊達宗広の『伊達自得翁全集』を世に出している。

古河家に入った次男の潤吉は国内外で鉱山学などを学び、古河の、特に鉱山事業の発展に尽くした。明治三六年、二代目当主となるが、まもなく明治三八年に亡くなる（『古河潤吉君伝』）。なお陸奥には他に冬子という子がおり、陸奥の死後に亮子が引き取って育て、さらに広吉の養子となったが若くして亡くなった（『原敬日記』明治三一年五月六日、下重『純愛』）。

息子広吉から見た陸奥

広吉にとって陸奥は、偉大な、あるいは偉大すぎる父であった。明治二七年五月二九日、内田康哉への書簡には、「小生も帰朝後一向極りたる用事もなく。面白きこと一切なく〔中略〕小国に生れ、国務大臣の子として不平の青二才境遇、御笑察奉希候」と記されている。エセルのことを陸奥に反対された落胆も相まって、外務大臣の子として日本にいる居心地の悪さと不平不満が募っていた。

陸奥は親として広吉に愛情を持っていたが、同時に、有為な人材として大をなすよう期待する厳しさがあった。広吉がケンブリッジで法学の学位をとるのをあきらめてバリスター（法廷弁護士）資格を目指すことを申し出たときには、大いに反対した。日本人でバリスターの名称を有し優れているのは増島六一郎《ますじまろくいちろう》と星亨くらいで、星はそもそも「有名なる勉強家」なのだからそれと比べることはできない、日本では大陸流の法律が導入されており、イギリス法の適用の学を習う必要性は低い、法理の大則を学んでおけば立憲政府・法律世界となるこれからの日本で役に立つ、と陸奥は力説した。「学問は立身の道路にして、学問其物は決して目的にあらず」とも言っている（明治二三年七月一六日、一〇月二六日、広吉宛陸奥書簡）。広吉はおそらく、陸奥の論の正しさは十分に理解していて、しかしエセルとの関係や陸奥とは違う道に進

陸奥と亮子、広吉

むことを考えてバリスター資格をとると言っているのだから、決まりが悪い。

広吉に、「父陸奥宗光を語る」という一文がある。そこで広吉は、明治二九年に北京に赴任する際に陸奥から与えられた教訓書を紹介している。教訓書に書かれていたのは、例えば、「身に官職を帯ぶる間は其任事を完全に務むべし」、「事の失敗に屈すべからず、失敗すれば失敗を償う丈けの工夫を凝らすべし」といったことである。そしてきわめつけの言は、手持無沙汰のときには胸中に何かしら問題を設けて研究しておくべし、いつの日かそれが実地で入用になったとき、大いに都合がよいだろう、であった。陸奥自身の生き方を語ったものとして読める。広吉も、「多年父が実験して大切と信じたことを伝授した」と受け取った。それに続く広吉の言は、最も優れた陸奥評の一つである。

「政治以外殆ど他の趣味を有せず、極めて利欲に淡懐にして、朝野何れにある場合にも、海外歴遊の日も、囹圄《れいご》〔＝牢獄〕に呻吟《しんぎん》す間にも、而して又病床に横臥する時においても、常に孜々《しし》として政治問題の考究を怠らなかったのである。読書は大に好む所であったが、それも亦主として政治研鑽の目的であったと思う。〔中略〕能く乱麻を断ち得たのは必しも鋭利なる快刀があった為ではない。予て深く心に切り方を研究して居ったからである。諸事に用意周到であった為に、粗心策腕家の出来ないことを仕遂げたのである。自分が正直にして注意深く、勉強家であった為に、他の不正直、不注意、不勉強を仮借し得なかった。其の心持を以て、随分手厳しく他に対したのである。父はよく云った、日本人には「ノー」と云うことの出来るものが少くて困ると。蓋し自身は、「イエス」よりも多く「ノー」と云った。少くとも確かに「イエス」と云うことの出来ぬ場合には、一時遁れ乃至妥協的に「イエス」と云わず、何時も無遠慮に敢然として「ノー」と云った。それを誠実の行為と信じたのである」

陸奥の生き方がまさにこの通りであったことは、本書のここまでの記述からよくわかるだろう。広吉もまた、陸奥に「随分手厳しく」言われた一人である。自分とは違う生き方をした人として父宗光をやや突き放して見ている面と、それでもやはり抱く敬愛の念、双方が合わさって生まれた名評であった。

日本外交と陸奥

次に、外交の分野で陸奥と関わる人々を見ていこう。最側近の原敬は、通商局長や次官、駐朝鮮公使を務めた後、第七章で触れたように外務省を去り、その後は外交の第一線に立つことはなかった。ただし後年、首相として日本外交にたずさわっている。

林董

小村寿太郎

小村寿太郎は、文部省留学生としてハーバード大学に留学し、司法省に入省。やがて外務省に移り、陸奥の外相就任時は翻訳局長だった。はじめのうち陸奥にはあまり知られていなかったが、日清開戦時の駐清臨時代理公使としての働きが目に留まり、その後は登用される（明治二七年一二月二日、林董宛陸奥書簡）。政務局長、駐朝鮮公使を経て、原と入れ替わりで次官となった。以降、アメリカやロシア、清、イギリスの公使・大使、そして外務大臣を二度務め、明治四四年に亡くなるまで日本外交の中核を担った。

小村と同じく日本を代表する外交官・外交指導者であり、しかも陸奥と親しかった人物としては、林董がいる。林は明治初年、和歌山藩時代の陸奥と知り合い、後に陸奥が外務大臣となってからは次官として支えた。日清戦争後、林が駐清公使に転じたい意向を示したとき、自分を十分に助けられるのは林の他にいない、「今暫く外務省において小生を御助け下さること出来ぬか」、と陸奥が切に引き留めたほどである（明治二八年五月七日、林宛陸奥書簡。もっとも、結局林は駐清公使となっている）。林は陸奥のことを、「予が生涯最第一の知己」と記している（『後は昔の記他』）。

すでに第七章で論じたところだが、対外政策の継承という点で見れば、陸奥の後継者は西徳二郎である。西は明治三〇年一一月に外務大臣となり、翌年にかけての中国分割のとき、陸奥と意見が合致していた非同盟・日露協商路線で対応する。ただ、明治三三年、北清事変に駐清公使として当たった後は、枢密顧問官となり、外交畑には戻ってこなかった。

若くして駐英公使や外務大臣を務め、後に政党を率いて原のライバルとなる加藤高明は、陸奥門下の一人とされることが多い。実際、イギリスで学んでいるときに三菱時代の加藤と出会った陸奥は懇意にし、十分に学問ある人と亮子への手紙に書いている（明治一八年三月二七日、亮子宛陸奥書簡）。また息子の広吉は加藤と親しく交わった。ただ加藤は大隈外相期の書記官として台頭したのであり、キャリアの面でも考えの面でも、それほど陸奥から影響を受けていないように思われる。

陸奥と同じか上の年代では、大隈重信がいる。明治二年の段階では、大隈は伊藤博文などを含む開明派のリーダー格であり、陸奥もその陣営に属していた。ただその後、明治六年に井上馨が去った大蔵省で上司と部下の立場になった頃から関係が悪化し、以降、大隈に対する陸奥の批判や攻撃的姿勢は晩年まで続く。嫌っていたというよりは、評価したうえで、だからこそライバル視していたということのように思われる。大隈は、明治二一年から二二年にかけて外相を、そして陸奥の死後も首相や外相を務めた。

青木周蔵も、明治初年から陸奥とつき合いがあり、とりわけ明治二〇年から二二年、大隈の外相就任反対や井上の自治党構想をめぐって協力していた頃は意気投合していた。明治二二年、青木はアメリカの陸奥に、大隈襲撃事件後の対応について、攘夷的に立ち戻らないよう注意したいと書き、陸奥にも帰国を求めている(一一月二九日、陸奥宛青木書簡)。こうした文明国化主義、開国主義を共有していることが陸奥外相期の条約改正でものを言ったというのは、第五章で論じた通りである。もっとも、陸奥が外務大臣となって青木がその下僚というかたちになると陸奥と青木の関係性はややこじれ、何かと軋轢が目立った。日英同盟論を積極的に推し進めるなど、全体的に、陸奥とは違ったタイプの外交官・外交指導者であった。

さらに、陸奥と親しく、日本外交史上に大きな足跡を残した人物として、内田康哉がいる。明治・大正・昭和の五内閣・計約七年半にわたって外相を務めた。

内田は明治二二年末に陸奥とともにワシントンを離れて帰国し、陸奥が農商務大臣に就任すると、秘書官となった。そして明治二五年、陸奥が外務大臣になったところで内田も外務省に戻る。

陸奥は広吉に、「米国以来始終我が管下に服務致し、尤も忠実に交際いたし、我等内外の機密、公私の利害とも打明け相談いたし候人物故、以来其許にも深く交情を結び候えば、将来有益なる一友人たるべく候」と内田のことを紹介している（明治二六年二月九日、広吉宛陸奥書簡）。その後、先ほど触れた内田宛書簡からもよくわかるように、広吉は内田と親交を結ぶ。

明治二七年、広吉からエセルのことを聞いた陸奥は内田に、エセル側の現在の気持ちがどうなのか探り、もし接触することがあれば、陸奥夫妻は断じて許可しないという印象を与えるよう依頼した（一〇月二二日、内田宛陸奥書簡）。他に頼める人がいない、ということでの内田への頼みだった。広吉が陰でエセルとなお文通をしているのではないかと疑い、「療治するも亦た親の慈悲」としつつ、広吉には秘密に、先方にも陸奥の差し金だと悟られないようにしてほしいと記し、デリケートな仕事だと繰り返すあたり、親としての悩みがよく見える。ただ同時に、探ってみて先方の熱が冷めているようであれば広吉がいくら懸想しても無難に済むだろうとの見通しを示しているのは、冷静というのか合理的というのか、陸奥らしい。

陸奥の死後、一時的な兼任を除くと、明治時代に外務大臣を務めたのは右に挙げた小村以下の七人である。西、小村、林、内田、と陸奥が引き立てた人々が日本外交を担ったことがわかる。加藤も、初めて駐英公使になったのは陸奥外相期なので、その列の端に加えてもよいのかもしれない。その他、陸奥と近しい関係にあった西園寺公望も、長い間、外務大臣臨時代理や兼任での外相を務めている。

そうした人的なつながりに加えて、第五章冒頭で触れたように、外務省・在外公館の官制を改正し、外交官・領事官試験制度を導入したのも、陸奥外相・原通商局長時代であった。それ以前、特に公使などは社交に費用がかかるため裕福な華族を起用するといったことがしばしばあり、情実任用も見られ、日本は十分な外交活動をおこなえていないと外務省内で問題視されていた。語学その他必要な能力を持った人材が省内に不足しているという認識のもと、明治二〇年代半ばの日本においてそうした人材が潜在的にどの程度いるのかを考えながら、試験制度はつくられた。以降、外務省においてこのときに匹敵する大きな組織改変は、大正後期、第一次世界大戦後までない。明治二六年頃から条約改正・日清戦争を通じて主要国における日本の公使・公使館の活動は目に見えて活発になり、その後は順次、予算や人員の充実が図られ、外務本省・在外公館間の連絡も密になっていく。陸奥はまさしく、近代日本外交の祖であった。

陸奥のデモクラシー観

国内政治においては、陸奥があるべき政治の姿として思い描いていたのは、政治指導者や政治家、政党が競い合い、国民はそれを選挙で判定するというものである。明治三〇年五月の雑誌『世界之日本』（第一五号）に掲載された論説、「陸奥宗光伝を読む」は、次のように論じている。

「彼れ〔＝陸奥〕固より、欧洲の大勢がデモクラシーの勢力たるを識認し、日本もまた此勢力を識認せざるべからざるを信ず。恐らくは此勢力を道破したるにおいては、彼は唱首の一人たらん。然れども之と同時に、此デモクラシーたるや、カアライルの言えるが如く、真個の貴族――才力ある平民によりて嚮導《きょうどう》せらるるにあらずんば、凡衆政治たらんことを恐る。故に彼れ、デモクラシーを信ずと雖も、凡衆を信ぜず、凡衆を率ゆる少数を信ず。故に彼れ、名もなき少年学士に対しては、其の肺腑を開くを辞せざるも、村夫子《そんぷうし》田舎政治家と語るに堪えず。彼れ其従遊の徒に対しては、一日三、四時間の弁論を辞せずと雖も、老大虚名の徒に対しては、殆んど白眼に過ぎんとす」

デモクラシーは世界の大勢であり、日本もそうなる、そうならなくてはならない、と陸奥は信じていた。その点では、日本における先覚者の一人である。しかしそのデモクラシーは、真の貴族、すなわち才力ある平民に導かれなければならないというのが陸奥の考えだった。

そして、年齢や地位を問わず有為な人材に対してはいくらでも胸襟を開いて論じ合ったが、見識に乏しくただ名声や政治家という肩書きだけある者とは語る言葉を持たなかった、というのである。陸奥が亡くなったとき、新聞『世界之日本』に、「月刊世界之日本第拾五号は、故陸奥伯の性行、人物及其理想を精細詳密に評論せり」と広告が掲げられただけあって、陸奥の人となりをよく捉えた評である。

政治にたずさわる人間を出自で決めるな、というのは陸奥の若いときからの主張であった。それはつまり、明治日本においては藩閥批判ということになる。それでは政治指導者は出自ではなく何が求められるのかというと、「才」や「智」であった。第四章で紹介した井上馨宛書簡の一節をもう一度引けば、陸奥は、「立憲政治は専制政治の如く簡易なる能わず。故に、其政治家に必要する所の巧且熟なる者も、一層の度を増加すべし」と論じていた。立憲政治も、議会や政党、選挙も、陸奥からすると、より公平に才や智を競うことを可能にする仕組みだった。

才や智を何よりも重視するというのは、議会・政党を自身の有力な政治的基盤にしようと考えている政治家としては、欠点でもあった。数々の名人物評を著した鳥谷部《とやべ》春汀《しゅんてい》は、大隈と比較しながら陸奥を次のように評している。

「大隈伯は政治においてデモクラシーを主張すると同時に、其趣味においてもデモクラチックなり。之れに反して陸奥伯は、政治の原則としては亦均しくデモクラシーを信ずと雖も、其の趣味は或る意義において全くアリストクラチック〔＝貴族的〕なり。彼は凡俗を好まず、又凡俗の好む所を好むこと能わず。彼は凡俗と天才との間には踰《こ》ゆべからざるの鴻溝《こうこう》あるを信じ、滔々たる凡俗は、到底天才者の頭脳を領解する能わずと思惟せり。若し大隈伯を以て思想界のトルストイとせば、陸奥伯は稍々《やや》ニイチェに類似すと謂うべし」（『春汀全集』）

陸奥は駐米公使時代、和歌山の児玉仲児に宛てた書状において、第一回の衆議院選挙で勝利するためには、才力を問わずとにかく勝てる候補を選ぶことが重要であると力説した（第四章1）。客観的に分析したとき、それが合理的な策であるということは、陸奥はたやすくわかった。しかしながら、では陸奥自身がそのようにして選んだ候補たちと交わり、組織していけるかというと、はなはだ疑問であった。というより、おそらく無理であった。鳥谷部は、もし陸奥を自由党統率の任に当たらせたら、とうてい星亨ほどのことはできなかっただろう、「伯〔＝陸奥〕、或は政党の謀主たるを得たらんも、理想的党首の器は之れを伯に望むべからず」とも論じている。まさにその通りで、陸奥は、藩閥に対して強い批判の意識を持っている一方で、さまざまな人とつき合い清濁あわせのみながら勢力を拡大していかなくてはならない政党の世界にはなじみきれなかった。したがって、藩閥政府と議会・政党のはざまに位置して双方をあやつるというところに、自らの居場所を見出していたのだった。

近代日本の政党政治と陸奥

そのはざまで、明治二三年の議会開設からの数年間、陸奥は光彩を放った。政治運営において議会や政党を取り込むことがいかに不可欠であるかを政府内で説き続け、条約改正問題などを通じて伊藤内閣と自由党を近づけた。前述の通り、明治二八年に自由党が伊藤内閣の事実上の与党となったのは、直接的には伊東巳代治ルートによるところが大きい。それでも、自由党に対して最も広く、深くパイプがあった政府側の人物は、やはり陸奥であった。

陸奥が亡くなったとき、陸奥と数年来激しく対立してきた陣営である進歩党の党報は、武田信玄《しんげん》の死の知らせを聞いたときの上杉謙信《けんしん》の反応になぞらえ、次のようにその死を悼んだ。

「自由党を操縦するや巧妙自在、人をして自由党の総理、名は板垣にして実は陸奥なるを謡わしめ、死に至るまで政界の一動力たるを失わず。当代の奇材と言わざるべけんや。昔は武田信玄の死する、越の上杉謙信箸を投じて嘆じて曰く、噫吾《ああ》れ好敵手を失うと。吾人伯の訃に接して亦実に此の嘆なくんばあらず。悼むべき哉」

最高の賛辞だろう。

陸奥の死後、現在に至るまで、陸奥は圧倒的に、外交指導者として知られている。陸奥の生涯全体を考えれば、外交よりも政治体制の変革の方に関心が向けられていたが、そちらではあまり目立った事蹟が残らなかった。外務大臣の激務を終えてこれから、というところで亡くなったことも多分に影響しているだろう。しかしながら、外交面と同様、陸奥の人的つながりは、その後の日本政治に一つの大きな流れを生み出した。

陸奥の死から三年、明治三三年に伊藤博文は立憲政友会を組織する。このとき、明治三一年にアメリカから帰国して再び政界の実力者となっていた星亨が力を発揮し、旧自由党系の憲政党をほぼ丸ごと政友会に合流させた（明治三一年に自由・進歩両党が合同して憲政党を結成。第一次大隈内閣を組織したもののじきに分裂し、旧自由党系は引き続き「憲政党」を名乗っていた）。

原敬

星は明治三四年に暗殺されてしまうが、伊藤に続いて二代目、三代目の政友会総裁となったのは、西園寺公望、原敬であった。いずれも、陸奥ゆかりの人物たちである。

原が、陸奥を敬慕していたのは間違いない。情勢分析や策を練る力は、陸奥のもとできたえられたかもしれない。藩閥政府の外からではなく中から働きかけて権力を握っていくという手法も、陸奥と相通ずる部分がある。また陸奥の引き立てが、原が台頭するきっかけとなった。

とはいえ原は、陸奥と違って、いかにも策謀をおこなっているという雰囲気を発することなく政治的駆け引きをおこなうことができた。勢力を築き、拡大し、維持していくことにも長けていた。前述の通り陸奥は論説「諸元老談話の習癖」において、井上馨は言の過多により、山県有朋は言の過少により趣旨がわかりにくくなるなどと巧みな評をしつつ、自身のことも取り上げている。自分自身を、客観的に分析してしまっているのである。原は、そうではない。政治に没入することができた。陸奥に比べて、より政治家らしい政治家だった。道を切り開くには陸奥の力が、結実させるには原の力が、必要であった。

原は、首相選考を担う元老の山県に近づき、信頼を得る。そしてついに、首相となって内閣を組織した。首相が衆議院に議席を有し、政党の党首であり、外務大臣および陸海軍大臣以外の大臣職を政友会員が占めたことから、日本初の本格的な政党内閣と言われる。今からちょうど一〇〇年前、大正七（一九一八）年のことであった。

おわりに

昨年四月、中公新書編集部の田中正敏さんから何か書きたいテーマがあるか尋ねられたとき、迷わず、陸奥宗光の評伝を書きたいと申し出た。

私が陸奥の「研究」に取り組み始めて、かれこれ一〇年ほどになる。大学二年のときにゼミでその頃著作集が刊行されていた萩原延壽の『陸奥宗光』を読んで以来、折に触れて陸奥のことを調べてきた。本書第四章3の小見出しにある「農商務大臣辞任の思惑」というフレーズは、大学院入試の際に提出した小論文の副題である。明治時代の手書き（くずし字）を読む訓練にもなるので一石二鳥だと思い、憲政資料室に通って「陸奥宗光関係文書」所収文書をひたすら読み続けていた時期もあった。二〇一二年に書いた修士論文は、第五～七章の基となっている。

大学院の博士課程に進んだ頃からは、博士論文を書き上げたら学術書として刊行し、続いて中公新書で陸奥の評伝を書くというのが、思い描いていた道のりだった。まさに絶好のタイミングでお声がけいただき、完成まで導いてくださった田中さんには感謝の念に堪えない。

既発表の著書や論文、あるいは本書の草稿に対し、何人かの方が、「陸奥の限界が見えて面白い」という感想をくださった。たしかに、私の考えている陸奥像は、有能であり、周到に策をめぐらすわりに、それで成功を収めることもあれば失敗したり空回りしたりすることもあるというものである。従来の陸奥論とは異なる新しい描き方だろう。とはいえそれは、自分の頭の中で初めから明確になっていたわけではない。その点に限らず、感想を聞いて著者の私自身が気づかされることは多かった。本書も、読者の方々とのそうした出会いがあることを願っている。

本書執筆過程において、岡勝重氏、岡勝行氏には貴重なお話を伺い、史料を拝見させていただいた。一色英夫氏にも、貴重な史料の利用をご許可いただいた。記して厚く御礼申し上げる。

また和歌山、奈良、ケンブリッジでの史料調査の過程において、池田真歩、小山騰、櫻井良樹、島田英明、武内善信、藤隆宏、時枝正、前田正明、九度山町教育委員会、五條文化博物館、橋本市図書館、ケンブリッジ大学図書館、同トリニティホール史料室の諸氏、諸機関にお世話になった。

個別に名前を挙げるのは以上にとどめるが、本書が完成するまでの間、ご教示・ご支援いただいた方々と諸機関に、改めて御礼申し上げたい。
なお本書は、JSPS科研費（16H06702）の研究成果の一部である。

二〇一八年八月

佐々木雄一

文献案内

※紙幅の都合上、原則的に副題は省略した。

既発表著書・論文

本書と関わりのある筆者の既発表著書・論文と、対応する章は以下の通り。先行研究や史料上の根拠について、すでにそれらで論じている場合、本書では大幅に割愛しているため、くわしくはそちらを参照されたい。

「陸奥宗光の思想形成」(『法学会雑誌』第五九巻第一号、二〇一八年)→第一・三章
「近代日本の代議政治と陸奥宗光」(『年報政治学』2018-I)→第三・四章
「政治指導者の国際秩序観と対外政策」(『国家学会雑誌』第一二七巻第一一・一二号、二〇一四年)→第五～七章
『帝国日本の外交1894-1922』(東京大学出版会、二〇一七年)→第六・七章
「日清戦争」(小林和幸編『明治史講義【テーマ篇】』筑摩書房、二〇一八年)→第六章
「近代日本における天皇のコトバ」(御厨貴編『天皇の近代』、千倉書房、二〇一八年)→第六章

伝記

まずは萩原延壽『陸奥宗光』(上下、朝日新聞社、一九九七年)が、陸奥の前半生を中心に描いた重厚な評伝。優れた文芸作品であると同時に、さまざまな史料や先行研究を示している点でも価値が高い。

萩原は陸奥を、権力と自由民権の理念との間に引き裂かれた魂の所有者と捉え、それが同書の主題にもなっている。萩原の陸奥論と対比するならば、本書で描いた陸奥は、知識人としての風貌を持ちながら一貫して権力の世界に生きた人物である。

渡邊幾治郎『陸奥宗光伝』(改造社、一九三四年)も、定評ある評伝。

渡邊脩二郎『評伝陸奥宗光』(同文館、一八九七年)、阪崎斌『陸奥宗光』(博文館、一八九八年)、伊藤仁太郎『陸奥宗光』(正・続、東亜堂書房、一九一一・一二年)は、幕末を中心に多くの興味深い逸話を記している。そうした逸話は得てして創作や脚色の産物なので今回改めて調べてみたが、本文中に書いた通り、意外にも、むしろそれらの

話を裏づけるような事実が少なからず見つかった。

「小伝」（陸奥廣吉編『伯爵陸奥宗光遺稿』、岩波書店、一九二九年）は、明治新政府に出仕したところから外務大臣就任までは陸奥の自叙略伝。その前後の部分は、原敬による増補。

その他、信夫清三郎『陸奥宗光』（白揚社、一九三八年）、下村冨士男「陸奥宗光」（大久保利謙編『日本人物史大系』六、朝倉書店、一九六〇年）、古屋哲夫「陸奥宗光」（遠山茂樹編『人物・日本の歴史』一一、読売新聞社、一九六六年）、マリウス・B・ジャンセン（芳賀徹訳）「陸奥宗光」（A・M・クレイグ、D・H・シャイヴリ編『日本の歴史と個性』下、ミネルヴァ書房、一九七四年）、岡崎久彦『陸奥宗光』（上下、PHP研究所、一九八七・八八年）、安岡昭男『陸奥宗光』（清水書院、二〇一二年）などがある。

本書全体に関わるもの

陸奥宛書簡と辞令、亮子宛・広吉宛書簡は「陸奥宗光関係文書」（国会図書館憲政資料室所蔵）。亮子宛・広吉宛書簡は『日本の名著35　陸奥宗光』（萩原延寿編、中央公論社、一九七三年）と岩橋里江「陸奥宗光の妻亮子宛書簡について」（『史窓』第五六号、一九九九年）で翻刻されている。陸奥が書いた文章のうち、「面壁独語」と「日本人」は陸奥編『伯爵陸奥宗光遺稿』から引用。

伊藤博文宛書簡は、特に断らない場合は『伊藤博文関係文書』（全九巻、伊藤博文関係文書研究会編、塙書房、一九七三～八一年）。『伊藤博文文書』（全一二七巻、伊藤博文文書研究会監修、ゆまに書房、二〇〇七～一五年）や『伊藤博文伝』（上中下、春畝公追頌会編・発行、一九四〇年）が出典の場合には個別に記した。

井上馨宛書簡は、「井上馨関係文書」（国会図書館憲政資料室所蔵）。

岩倉具視宛書簡は、特に断らない場合は『岩倉具視関係文書』（全八巻、日本史籍協会編・発行、一九二七～三五年）。『岩倉具視関係史料』（上下、佐々木克ほか編、思文閣出版、二〇一二年）が出典の場合にはその旨記した。

岡崎邦輔宛書簡は、『岡崎邦輔関係文書』（伊藤隆、酒田正敏編、自由民主党和歌山県支部連合会、一九八五年）。

木戸孝允宛書簡は、「木戸家文書」（宮内庁書陵部図書寮文庫所蔵）。翻刻されたものは『木戸孝允関係文書』（木戸孝允関係文書研究会編、東京大学出版会）として順次刊行中である。木戸発書簡は、『木戸孝允文書』（全八巻、妻木忠太編、日本史籍協会、一九二九～三一年）。

渋沢栄一宛書簡・渋沢発書簡は、『渋沢栄一伝記資料』（全六八巻、渋沢青淵記念財団竜門社編、渋沢栄一伝記資料刊行会、一九五五～七一年）。

その他、複数の章に関わる文献・史料を先に掲げておく。

『後は昔の記他』（由井正臣校注、平凡社、一九七〇年）

『新訂　蹇蹇録』（中塚明校注、岩波書店、一九八三年）
『粉河町史』（全五巻、粉河町史編さん委員会編、粉河町、一九八六〜二〇〇三年）
「児玉仲児日記」（『粉河町史』所収）
『西園寺公望自伝』（木村毅編、大日本雄弁会講談社、一九四九年）
「佐々木高行日記」（宮内庁宮内公文書館所蔵）
「衆議院議事速記録」（国会図書館帝国議会会議録検索システム〔http://teikokugikai-i.ndl.go.jp/〕）
『南紀徳川史』（全一七冊、堀内信編、南紀徳川史刊行会、一九三〇〜三三年）
『日本外交文書』（外務省外交史料館ウェブサイト〔https://www.mofa.go.jp/mofaj/annai/honsho/shiryo/archives/index.html〕）
『原敬日記』（影印版、全一七巻、岩壁義光、広瀬順晧編、北泉社、一九九八年）
『保古飛呂比』（全一二巻、東京大学史料編纂所編、東京大学出版会、一九七〇〜七九年）
『明治天皇紀』（全一二巻、宮内庁編、吉川弘文館、一九六八〜七五年）
『和歌山県史』（全二四巻、和歌山県史編さん委員会編、和歌山県、一九七五〜九四年）
『和歌山市史』（全一〇巻、和歌山市史編纂委員会編、和歌山市、一九七五〜九二年）
『'97秋季特別展　陸奥宗光』（和歌山市立博物館編、和歌山市教育委員会、一九九七年）

はじめに

「日記」（松尾尊兊ほか編『吉野作造選集』一五、岩波書店、一九九六年）
『春汀全集』（一、鳥谷部春汀著、博文館、一九〇九年）
『我が交遊録』（徳富猪一郎著、中央公論社、一九三八年）

第一章

伊達宗広・宗興の経歴については、「紀州家中系譜並に親類書書上げ」（和歌山県立文書館所蔵）、陸奥系譜・過去帳等（「陸奥宗光関係文書」）、「伊達宗広小伝」（陸奥廣吉編『伊達自得翁全集』雨潤会、一九二六年）、紀州の政治情勢については『南紀徳川史』、「幕末世情書留」（『和歌山県史』近世史料三）を基本的な史料として用いた。

研究では、三好國彦「徳川治宝の隠居政権と後継藩主の対立」（『南紀徳川史研究』第二号、一九八七年）、同「嘉永五・六年の紀州藩政変」（『南紀徳川史研究』第三号、一九八八年）、同「治宝隠居政権期の水野忠央」（安藤精一編『紀州史研究』四、国書刊行会、一九八九年）が堅実な論考で参考になった。小山譽城『徳川御三家付家老の研究』（清文堂出版、二〇〇六年）は、徳川治宝周辺と水野忠央との対立の実態を、三好論文にはない史料を用いながらくわしく論じている。『和歌山県史』、『和歌山市史』も参照した。

なお、岡家に宛てた陸奥や伊達宗興の書簡を用いた分析として、『改訂　九度山町史　史料編』（九度山町史編纂委員会編、九度山町、二〇〇三年）と同通史編、萩原『陸奥宗光』、『'97秋季特別展　陸奥宗光』があり、そこでは、伊達宗興は文久元年六月に赦免された後にひそかに江戸に出たとされている。しかし、本文中で紹介した一月九日の宗興書簡は、「四文の鍋銭は旧臘より通用」という文言があることから万延二年（＝文久元年）のものと推定される。したがって宗興が江戸に出てきたのはその前年、万延元年で赦免前である。

幕末の政治情勢について、近年の読みやすい研究として、久住真也『幕末の将軍』（講談社、二〇〇九年）、家近良樹『江戸幕府崩壊』（講談社、二〇一四年）、佐々木克『幕末史』（筑摩書房、二〇一四年）、小林編『明治史講義【テーマ篇】』。

坂本龍馬・海援隊関連の史料は、坂本が記した書簡と「海援隊約規」は宮地佐一郎『龍馬の手紙』（講談社、二〇〇三年）。「千里駒後日譚」、「坂本龍馬手帳摘要」、「雄魂姓名録」、「海援隊商事秘記」、「海援隊日記」、「坂本と中岡の死」は『坂本龍馬全集』（増補四訂版、宮地佐一郎編、光風社出版、一九八八年）。坂本の動静と史料に関する基本的情報は、松浦玲『坂本龍馬』（岩波書店、二〇〇八年）が参考になった。三二頁に掲載した写真中の人物の特定については武内善信「海援隊士の集合写真をめぐって」（『現場から』二、歴史学と博物館のありかたを考える会編・発行、二〇一四年）参照。

その他、本文中で挙げた文献・史料は以下の通り。

「陸奥宗光及同一族自筆書簡」（和歌山県立図書館所蔵）

『五條　町並調査の記録』（奈良国立文化財研究所編・発行、一九七七年）

FO（イギリス外務省文書。イギリス国立公文書館所蔵）

『新訂寛政重修諸家譜』（一二、高柳光寿ほか編、続群書類従完成会、一九六五年）

『脱走始末』（横井精一編・発行、一九一三年）

「隈山春秋」（日本史籍協会編『史籍雑纂』二、復刻版、東京大学出版会、一九七七年）

『続再夢紀事』（一・二、日本史籍協会、一九二一年）

『氷川清話』（江藤淳、松浦玲編、講談社、二〇〇〇年）

「井澤宜庵関係文書」（五條文化博物館所蔵）

『勝海舟関係資料　海舟日記』（一、東京都江戸東京博物館都市歴史研究室編、東京都歴史文化財団・東京都江戸東京博物館、二〇〇二年）

『贈正五位乾十郎事蹟考』（武岡豊太編・発行、一九一七年）

『勝海舟全集』（別巻、勝海舟全集刊行会編、講談社、一九九四年）

「上京中日記」(「青山小三郎関係文書」国会図書館憲政資料室所蔵)
『福井藩士履歴』(二、福井県文書館編・発行、二〇一四年)
『三井事業史』(本篇二、三井文庫編・発行、一九八〇年)
『桂久武日記』(鹿児島県史料集二六、鹿児島県立図書館、一九八六年)
「寺島宗則自叙伝」(吉村道男監修『日本外交史人物叢書』一一、ゆまに書房、二〇〇二年)
「商方之愚案」(和歌山県立図書館所蔵)
『岩崎弥太郎日記』(岩崎弥太郎岩崎弥之助伝記編纂会編・発行、一九七五年)
『維新風雲回顧録』(田中光顕著、大日本雄弁会講談社、一九二八年)
マックス・ヴェーバー(脇圭平訳)『職業としての政治』(岩波書店、一九八〇年)

第二章

慶応四年の陸奥・三井間の金銭のやりとりに関する史料は、金九万五〇〇〇両受取手形など「三井家記録文書」(三井文庫所蔵)に多数、また「五代友厚関係文書」(大阪商工会議所所蔵)にも若干ある。

伊藤博文が陸奥らとともに提出した「国是綱目」は有名な文書だが、従来、もっぱら『伊藤博文伝』に依拠して紹介され、作成・提出の経緯が明確になっていない。本文中で紹介した史料のほか、「小伝」、「公私日録」(「長崎唐通事何礼之関係史料」東京大学史料編纂所所蔵)、一月、岩倉具視宛田中光顕書簡、一月一八日、岩倉宛伊藤書簡(ともに『岩倉具視関係史料』)、一月一日、一七日、陸奥宛後藤象二郎書簡参照。

和歌山の藩政改革については、『南紀徳川史』、萩原『陸奥宗光』、『和歌山県史』および重久篤太郎『お雇い外国人』(一四、鹿島出版会、一九七六年)、山田千秋『日本軍制の起源とドイツ』(原書房、一九九六年)参照。

ケッペン関連の史料は、マーガレット・メール「和歌山藩におけるお雇い外国人カール・ケッペン(一八六九～一八七二)」(『日本歴史』第四八八号、一九八九年)、石川光庸、B・ノイマン編「カール・ケッペン　和歌山日記(1869～71年)」(前後、『和歌山市立博物館研究紀要』第五・六号、一九九〇・九一年)、石川光庸訳「和歌山藩軍事教官カール・ケッペン回想録」(『和歌山市立博物館研究紀要』第七号、一九九二年)、梅渓昇「新出のカール・ケッペンの「日記」および「回想録」について」(『和歌山市立博物館研究紀要』第八号、一九九三年)、マーガレット・メール(石川光庸訳)「紀州藩におけるケッペンの働きを見た人々の証言」(『和歌山市立博物館研究紀要』第八号、一九九三年)。

芸娼妓解放問題については、阿部保志「明治五年井上馨

の遊女「解放」建議の考察」(『史流』第三六号、一九九六年)、松延眞介「「芸娼妓解放」と陸奥宗光」(『佛教大学総合研究所紀要』第九号、二〇〇二年)参照。

地租改正については、福島正夫『地租改正の研究』(増訂版、有斐閣、一九七〇年)、佐々木寛司『地租改正』(中央公論社、一九八九年)参照。

元老院時代の陸奥の活動については、萩原『陸奥宗光』のほか、上野隆生「陸奥宗光と元老院」(『敬愛大学国際研究』第二号、一九九八年)や久保田哲『元老院の研究』(慶應義塾大学出版会、二〇一四年)、湯川文彦『立法と事務の明治維新』(東京大学出版会、二〇一七年)が論じている。

陸奥の西南戦争との関わり、和歌山での募兵については、萩原『陸奥宗光』、『和歌山県史』および大橋洋「西南戦争時の和歌山県における壮兵徴募」(『和歌山地方史の研究』安藤精一先生退官記念会編・発行、一九八七年)参照。

大江卓宛陸奥書簡は、『大江天也伝』(雑賀博愛著、大江太発行、一九二六年)。大隈重信宛陸奥書簡は、『大隈重信関係文書』(一〇、早稲田大学大学史資料センター編、みすず書房、二〇一四年)。四一頁の岡本健三郎宛陸奥書簡は、『'97秋季特別展　陸奥宗光』。七七頁の青木周蔵、静間健介宛陸奥書簡は、『伊藤博文関係文書』。

その他、本文中で挙げた文献・史料は以下の通り。

The Diaries of Sir Ernest Mason Satow. Robert Morton and Ian Ruxton eds. 2013. Kyoto: Eureka Press.

「太政類典」(国立公文書館所蔵)

「枢密院高等官転免履歴書」(国立公文書館所蔵)

『太政官沿革志』(三、日本史籍協会編、東京大学出版会、一九八七年)

『伊達宗城在京日記』(日本史籍協会編・発行、一九一六年)

『会計官日誌』(大阪市史編纂所編、大阪市史料調査会、二〇〇六年)

『新修　大阪市史』(五、新修大阪市史編纂委員会編、大阪市、一九九一年)

「大阪府史料」(国立公文書館所蔵)

「議定官日記」(橋本博編『維新日誌』第二期三、静岡郷土研究会、一九三四年)

『壺碑』(津田道太郎編、青木藤作発行、一九一七年)

『和歌山県誌』(下、和歌山県発行、一九一四年)

『金蘭簿物語』(塚越丘二郎著・発行、一九二九年)

『星亭とその時代』(一・二、野沢雞一編著、川崎勝、広瀬順晧校注、平凡社、一九八四年)

『木戸孝允日記』(全三巻、妻木忠太編、日本史籍協会、一九三二〜三三年)

「三井銀行史話」(四、『三井銀行調査月報』第二四七号、一九五六年)

『林有造自歴談』(高知地方史研究会編、高知市立市民図

書館、一九六八年）

「公文録」（国立公文書館所蔵）

『風雲回顧録』（平井駒次郎編、武侠世界社、一九一二年）

『神奈川県史』（資料編一五、神奈川県企画調査部県史編集室編、神奈川県、一九七三年）

『横浜市史』（第三巻上、横浜市編・発行、一九六一年）

『杉浦譲全集』（三、杉浦譲全集刊行会編・発行、一九七八年）

「古沢滋関係文書」（国会図書館憲政資料室所蔵）

『元老院会議筆記』（前期全一五巻、明治法制経済史研究所編、元老院会議筆記刊行会、一九六五～七一年）

「陸奥宗光口供」（「公文録」所収）

第三章

山形獄時代については史料集の『山形獄中の陸奥宗光』（山形県文化財保護協会編・発行、一九五四年）があり、仙台獄時代については宇野量介『仙台獄中の陸奥宗光』（宝文堂出版販売、一九八二年）がくわしく論じている。

陸奥のヨーロッパ遊学に関して、神奈川県立金沢文庫所蔵の陸奥のノートを分析したものとしてはまず萩原『陸奥宗光』がある（一九七三年初出）。それ以前、シュタインから学んだというところが注目されてきたなか、陸奥のイギリスでの学習内容が具体的に論じられた。ただし、理念の世界を抜けて政治家となった陸奥という像を描く萩原は、陸奥の外遊を、イギリス流の自由主義の考え方に封印をほどこした過程と捉えている。

陸奥が所期の目的の通りイギリスで議会政治や政党、選挙について学び、多くの知見を得ていたことを指摘した研究として、高世信晃「陸奥宗光の「議会政治論」」（『国際学論集』第三九号、一九九七年）、同「陸奥宗光と日本の選挙制度確立」（黒沢文貴ほか編『国際環境のなかの近代日本』芙蓉書房出版、二〇〇一年）。

シュタイン講義のノートは『シュタイン国家学ノート』（瀧井一博編、信山社出版、二〇〇五年）で翻訳されている。

遊学中の陸奥については、萩原『陸奥宗光』、岩橋「陸奥宗光の妻亮子宛書簡について」、櫻井良樹「陸奥宗光をロンドンで助けたのは誰か」（『日本歴史』第七八六号、二〇一三年）参照。何月何日にどこに到着した、といった本文中の記述は基本的に亮子宛陸奥書簡に基づく。

アースキン・メイ宛書簡は、The Papers of Thomas Erskine May（イギリス議会文書館所蔵）。

陸奥が教わった人物のなかでワラカー、また陸奥のイギリス理解を進展させるのに一役買ったと思われるケーペルについて、これまで、どのような人物かほとんど知られていなかった。現在では、新聞などのデータベースを調べれば本文に書いたような基本的情報は得られる。ワラカーに関しては、学報（*Cambridge University Reporter*）などケンブリッジ大学の史料も参照した。

その他、本文中で挙げた文献・史料は以下の通り。

『元田永孚文書』（一、元田竹彦、海後宗臣編、元田文書研究会発行、一九六九年）

『利学正宗』（上下、陸奥宗光訳、薔薇楼、一八八三・八四年）

「伊東巳代治関係文書」（国会図書館憲政資料室所蔵）

The Risen Sun. Baron Suyematsu. 1905. London: A. Constable.

Naval Warfare of the Future. Thomas Waraker. 1892. London: Sonnenschein & Co.

第四章

児玉仲児宛陸奥書簡は、「史料コーナー」（『粉河町史研究』第一三号、一九八二年）。品川弥二郎宛陸奥書簡は、『品川弥二郎関係文書』（七、尚友倶楽部品川弥二郎関係文書編纂委員会編、山川出版社、二〇〇九年）。松方正義宛伊藤博文書簡は、『松方正義関係文書』（六、松方峰雄ほか編、大東文化大学東洋研究所、一九八五年）。なお『岡崎邦輔関係文書』は一六一頁の二七日付岡崎宛陸奥書簡を三月と推定しているが、四月二三日の亮子宛陸奥書簡と内容が重なっており、四月である。

陸奥の駐米公使時代から第一次山県内閣入閣にかけては、渡邊幾治郎『陸奥宗光伝』、藤井貞文「陸奥宗光の山県第一次内閣入閣」（『国学院雑誌』第七四巻第八号、一九七三年）、同「初期議会に向ふ陸奥宗光の政治意欲」（『国史学』第九一号、一九七三年）、上野隆生「駐米公使・陸奥宗光」（『東京女学館短期大学紀要』第一三号、一九九〇年）、また農商務大臣時代については安岡『陸奥宗光』が、多くの事実や史料を紹介している。

和歌山政界については、『和歌山県史』、『和歌山市史』、伊藤之雄『立憲国家の確立と伊藤博文』（吉川弘文館、一九九九年）参照。

第一・第二・第三議会については、佐々木隆『藩閥政府と立憲政治』（吉川弘文館、一九九二年）、同『伊藤博文の情報戦略』（中央公論新社、一九九九年）、伊藤『立憲国家の確立と伊藤博文』、木野主計「初期議会と井上毅」（『藝林』第五三巻第二号、二〇〇四年）、末木孝典『選挙干渉と立憲政治』（慶應義塾大学出版会、二〇一八年）参照。

その他、本文中で挙げた文献・史料は以下の通り。

「日墨修好通商条約締結概要」（陸奥宗光関係文書所収）

「来往電綴」（外務省外交史料館所蔵）

「内田康哉伝記草稿」（外務省外交史料館所蔵）

『原敬関係文書』（五、原敬文書研究会編、日本放送出版協会、一九八六年）

「徳大寺実則日記」（宮内庁書陵部図書寮文庫所蔵）

第五章

条約改正について簡潔にまとめたものとしては、五百旗頭薫「開国と不平等条約改正」（川島真、服部龍二編『東アジア国際政治史』名古屋大学出版会、二〇〇七年）や小宮一夫「条約改正問題」（小林編『明治史講義【テーマ篇】』）がある。

星亨については有泉貞夫『星亨』（朝日新聞社、一九八三年）、第二次伊藤内閣については村瀬信一『明治立憲制と内閣』（吉川弘文館、二〇一一年）参照。

その他、本文中で挙げた文献・史料は以下の通り。『外交官領事官制度』（原敬著、警醒社、一八九九年）『外務省の百年』（上、外務省百年史編纂委員会編、原書房、一九六九年）『日本外交秘録』（朝日新聞社発行、一九三四年）『現行条約意見』（原敬著、農商務省、一八九一年）「故陸奥伯の追憶」（広瀬順晧編『近代外交回顧録』一、ゆまに書房、二〇〇〇年）

第六章

本章冒頭で論じた陸奥外交に対する見方について、巧みな外交と捉えるのは、岡崎『陸奥宗光』。帝国主義外交として批判するのは、中塚明『日清戦争の研究』（青木書店、一九六八年）。軍や国内の圧力を受けながらの外交と見るのは、信夫『陸奥宗光』および同『陸奥外交』（叢文閣、一九三五年）。

近年の、日清開戦過程を誤算や失敗、場当たり的対応という観点から捉える研究として、檜山幸夫「日清開戦と陸奥宗光の外交指導」（『政治経済史学』第三〇〇号、一九九一年）、高橋秀直『日清戦争への道』（東京創元社、一九九五年）、大谷正『日清戦争』（中央公論新社、二〇一四年）。

日清戦争に関する先行研究の整理は、佐々木「政治指導者の国際秩序観と対外政策」、同『帝国日本の外交１８９４-１９２２』、同「日清戦争」でくわしくおこなっている。

二三〇頁の伊東巳代治宛伊藤書簡は、「「伊東巳代治関係文書」所収伊藤博文書簡翻刻（上）」（伊東文書を読む会編、『参考書誌研究』第四七号、一九九七年）。

その他、本文中で挙げた文献・史料は、『同時代史』（二、三宅雪嶺著、岩波書店、一九五〇年）、「外務省記録」（外務省外交史料館所蔵）、『明治廿七八年在韓苦心録』（杉村濬著、杉村陽太郎発行、一九三二年）。

第七章

日清戦後の日本外交と陸奥の政治的活動についての研究は、酒田正敏「日清戦後外交政策の拘束要因」（近代日本研究会編『年報　近代日本研究２　近代日本と東アジア』山川出版社、一九八〇年）、同「『蹇蹇録』考」（『日本歴史』第四四六号、一九八五年）がある。筆者はそれをさらに発展させて、佐々木「政治指導者の国際秩序観と対外政策」、同『帝国日本の外交1894-1922』で論じた。『蹇蹇録』は、同書の「解説」（ただし二〇〇七年に大幅に改稿されているのでそれ以降のもの）も大変有用である。

日清戦後の内政と陸奥との関わりについては、伊藤『立憲国家の確立と伊藤博文』や上野隆生「陸奥宗光の死と政界再編」（『和光大学人間関係学部紀要』第七号、二〇〇二年）が論じている。

西徳二郎宛陸奥書簡は、「西伊三次所蔵文書」（宮内庁宮内公文書館所蔵）。山県有朋宛陸奥書簡は、『山縣有朋関係文書』（三、尚友倶楽部山縣有朋関係文書編纂委員会編、山川出版社、二〇〇八年）。竹越與三郎宛陸奥書簡は、「竹越與三郎関係文書」（東京大学近代日本法政史料センター原資料部所蔵）。二四五頁の西園寺宛陸奥書簡は『伊藤博文文書』。

その他、本文中で挙げた文献・史料は、『ベルツの日記』（トク・ベルツ編、菅沼竜太郎訳、岩波書店、一九七九年）、『蘇峰自伝』（徳富猪一郎著、中央公論社、一九三五年）。

終章

内田康哉宛書簡は、『内田康哉関係資料集成』（一、小林道彦ほか編、柏書房、二〇一二年）。林董宛陸奥書簡は、武内善信「林董宛陸奥宗光書簡について」（二・三、『和歌山市立博物館研究紀要』第一六・一七号、二〇〇二・〇三年）。陸奥が広吉に与えた教訓書は、「陸奥宗光関係史料の寄贈」（『外交史料館報』第八号、一九九五年）。

その他、本文中で挙げた文献・史料は、『古河潤吉君伝』（五日会編・発行、一九二六年）、下重暁子『純愛』（講談社、一九九四年）、「父陸奥宗光を語る」（陸奥宗光伯七十周年記念会編・発行『陸奥宗光伯』一九六六年）。

主要図版出典一覧

国立国会図書館　iii、137、162、185、241、244、276、286
和歌山市立博物館『'97秋季特別展　陸奥宗光』　22、27、32、62、98、127（右）、226、246、261、273
『古河潤吉君伝』　93
アジア歴史資料センターインターネット展（大英図書館蔵）　215
佐々木雄一「日清戦争」（小林和幸編『明治史講義【テーマ篇】』）　219

陸奥宗光年譜

年	年齢	事歴	関連事項
天保15（1844）	1	7月7日誕生。父伊達宗広、母政子	
嘉永5（1852）	9	12月徳川治宝死去。父宗広失脚	
6（1853）	10	1月義兄宗興改易	6月ペリー来航
安政4（1857）	14	流浪の末、この頃、入郷村に居住	
5（1858）	15	江戸に赴く	4月井伊直弼、大老就任。6月日米修好通商条約調印
7（1860）	17		3月桜田門外の変
文久元（1861）	18	6月伊達宗広・宗興赦免	
文久2（1862）	19	11月伊達宗興・宗広脱藩	
3（1863）	20	京都に出て坂本龍馬と出会う	8月八月一八日の政変
元治元（1864）	21		7月禁門の変。第1次長州征討へ
慶応元（1865）	22	この年から長崎を中心に活動	
2（1866）	23	この頃、陸奥姓を名乗る	1月薩長同盟成立
3（1867）	24	4月海援隊発足。陸奥も一員となる。12月天満屋事件	10月大政奉還。11月坂本龍馬暗殺。12月王政復古
4（1868） 明治元	25	1月新政府出仕（外国事務御用掛）。3月外国事務局権判事。5月大阪府権判事（会計官と兼任）。この頃、吹田蓮子と結婚	1月戊辰戦争開始。4月江戸城開城。9月明治に改元

明治2（1869）	26	1月摂津県知事。3月長男広吉誕生。6月兵庫県知事。8月免官。以降、和歌山の藩政改革に関与	6月版籍奉還
3（1870）	27	9月横浜を出発しヨーロッパへ。10月次男潤吉誕生	7月普仏戦争開始
4（1871）	28	5月帰国。和歌山藩出仕。8月神奈川県知事	7月廃藩置県。11月岩倉使節団出発
5（1872）	29	2月蓮子没。6月大蔵省租税頭兼任。この年、金田亮子と結婚	6月マリア・ルス号事件
6（1873）	30	5月大蔵省三等出仕。6月大蔵少輔心得。7月長女清子誕生	9月岩倉使節団帰国。10月征韓論問題（明治六年政変）
7（1874）	31	1月官職を辞す	1月民撰議院設立建白書
8（1875）	32	4月元老院議官。11月元老院幹事	4月漸次立憲政体樹立の詔
10（1877）	34	4月政府転覆計画に関与	2月西南戦争開始
11（1878）	35	6月逮捕。8月禁獄五年の判決申し渡し。9月山形監獄送致	5月紀尾井坂の変
12（1879）	36	11月宮城監獄に移送	
14（1881）	38		10月国会開設の詔。明治一四年政変。自由党結成
16（1883）	40	1月出獄	
17（1884）	41	4月横浜出発。アメリカを経てヨーロッパへ。イギリスなどで学ぶ	
18（1885）	42		12月第一次伊藤内閣成立
19（1886）	43	2月帰国。10月弁理公使	5月条約改正会議開始
20（1887）	44	4月特命全権公使	9月井上外相辞任

21（1888）	45	2月駐米公使。5月横浜を出発しアメリカへ。12月日墨修好通商条約調印	4月黒田内閣成立
22（1889）	46		2月大日本帝国憲法発布。12月第一次山県内閣成立
23（1890）	47	1月帰国。5月農商務大臣。7月第一回衆議院総選挙で当選	11月第一回帝国議会
24（1891）	48	8月内閣政務部長（9月辞任）。9月衆議院議員辞職。11月新聞『寸鉄』発刊	5月第一次松方内閣成立。大津事件。12月議会解散
25（1892）	49	3月農商務大臣辞任。8月外務大臣	8月第二次伊藤内閣成立
26（1893）	50	7月条約改正草案を内閣に提出	12月議会解散
27（1894）	51	6月朝鮮への派兵決定。7月日清戦争開始。8月子爵	4月頃東学党の乱大規模化。7月日英通商航海条約調印
28（1895）	52	4月下関条約調印。三国干渉発生。6月療養生活に入る。8月伯爵。翌年にかけて『蹇蹇録』執筆。	10月閔妃殺害事件
29（1896）	53	4月外務大臣復帰。5月外務大臣辞任。6月ハワイへ（8月帰国）。7月雑誌『世界之日本』発刊	2月露館播遷。5月小村・ウェーバー協定、6月山県・ロバノフ協定。9月第二次松方内閣成立
30（1897）	54	1月新聞『世界之日本』発刊。8月24日死去	

佐々木雄一（ささき・ゆういち）

1987年，東京都生まれ．2011年，東京大学法学部卒業．16年，東京大学大学院法学政治学研究科博士課程修了，博士（法学）．東京大学特任研究員，首都大学東京都市教養学部法学系助教を経て，18年より首都大学東京法学部助教．専攻は日本政治外交史．

著書『帝国日本の外交1894-1922』（東京大学出版会，2017年）
『明治史講義【テーマ篇】』（共著，ちくま新書，2018年）
『天皇の近代』（共著，千倉書房，2018年）

陸奥《むつ》宗光《むねみつ》

中公新書 *2509*

2018年10月25日初版

著　者　佐々木雄一
発行者　松田陽三

本文印刷　暁印刷
カバー印刷　大熊整美堂
製　本　小泉製本

発行所　中央公論新社
〒100-8152
東京都千代田区大手町1-7-1
電話　販売 03-5299-1730
　　　編集 03-5299-1830
URL http://www.chuko.co.jp/

Published by CHUOKORON-SHINSHA, INC.
Printed in Japan　ISBN978-4-12-102509-8 C1221

中公新書

日本史